Contents

Martyn Bird • Hélène Lewis

Series editors: Marianne Howarth and Michael Woodhall

Hodder & Stoughton

A MEMBER OF THE HODDER HEADLINE GROUP

The **Hotel Europa** series consists of the following components:

Hotel Europa France

Student's Book	0 340 54697 2
Support Book/Cassette Set Pack	0 340 54698 0
Photocopiable Resource Pack	0 340 56851 8
Multimedia CD-ROM	0 340 58391 6

Hotel Europa Deutschland

Student's Book	0 340 54245 4
Support Book/Cassette Set Pack	0 340 54247 0
Photocopiable Resource Pack	0 340 56852 6
Multimedia CD-ROM	0 340 58392 4

Hotel Europa España

Student's Book	0 340 54700 6
Support Book/Cassette Set Pack	0 340 54701 4
Photocopiable Resource Pack	0 340 56853 4
Multimedia CD-ROM	0 340 58393 2

Hotel Europa Italia

Student's Book	0 340 57549 2
Support Book/Cassette Set Pack	0 340 57548 4
Multimedia CD-ROM	0 340 58394 0

British Library Cataloguing in Publication Data
Bird, Martyn
   Hotel Europa France. – (Hotel Europa)
   I. Title   II. Lewis, Hélène   III. Series
   448.3

   ISBN 0–340–54697–2

First published 1991
Impression number   10 9 8 7 6 5 4
Year   1998 1997 1996 1995 1994 1993

Typeset by Wearset, Boldon, Tyne and Wear.
Printed in Great Britain for Hodder & Stoughton Educational, a division of Hodder Headline PLC, Mill Road, Dunton Green, Sevenoaks, Kent TN13 2YA by Thomson Litho Ltd, East Kilbride

The *Hotel Europa* series

Business languages for beginners

Learning a language for business purposes has taken on a new lease of life in the 1990s. The Single European Market and the Channel Tunnel have brought with them a host of new opportunities for British business people to work with their partners from abroad on many different kinds of projects. These include the traditional areas of exporting, such as working with an agent or a subsidiary company, but new scenarios are important too. Joint ventures and projects, work placements abroad and job exchanges are all growing in number. As a result, more and more business people are recognising the need to develop proficiency in a foreign language as an important business tool.

In education too, there has been a growth in the number of courses featuring a business language component. In higher education, the new universities have led the way in offering institution-wide language programmes, enabling undergraduates in all disciplines to acquire competence in a foreign language in addition to their main course of study. Likewise, there is an increasing number of degrees provided jointly with European partner institutions, some leading to dual qualifications. In short, there is a wide range of language learning opportunities both for the business community of today as well as for the business people of tomorrow.

The *Hotel Europa* series originates from this background. The series acknowledges the need language teachers have for course materials with a business focus. Designed for classroom use with beginners or near-beginners, the series aims to provide authentic business situations, relevant to a wide range of industries, products and services. By setting the series in the functions and special events office of a hotel, we provide a business scenario which is accessible to anyone using the course, teacher or learner, whatever their own business background.

With the publication of *Hotel Europa Italia*, the series now comprises the following courses:

- *Hotel Europa France*
- *Hotel Europa Deutschland*
- *Hotel Europa España*
- *Hotel Europa Italia*.

Each coursebook is complemented by a support pack consisting of two C60 cassettes and a booklet containing the cassette transcripts and key to exercises. Other elements in the *Hotel Europa* series are the Resource Packs and CD-ROMs, full details of which are available from the publishers.

As Series Editors with extensive experience of working together to design and deliver courses tailored to the needs of the business community, we should like to take this opportunity of thanking our clients and colleagues for their help in shaping the *Hotel Europa* series. The range of business situations and language featured in the series is based entirely on the expertise we have been able to develop in this area through our contact with them. We are pleased to be able to pass it on for the benefit of others.

Marianne Howarth
Department of Modern Languages
The Nottingham Trent University

Michael Woodhall
International Programmes
Bournemouth University

Introduction

Hotel Europa France is a course in business French for beginners or near beginners, and for those with some knowledge of French who wish to 'convert' to the language of business.

The course is intended for classroom use, with learners completing the ten chapters in one year. Those learners who already have some knowledge of French or who are engaged in more intensive study should be able to complete the course in a shorter time, but there is ample material for consolidation and reinforcement.

No book for beginners can cover the whole range of business expertise, situations, industries and products which the business person might reasonably expect in the course of a normal working life. The company and the product which we use in this book are incidental and we have kept the vocabulary which is specific to them to a minimum.

However, the situations which we use are typical of the situations with which all business people are familiar: making contact, introductions, using the telephone, attending meetings, making presentations, discussing projects and so on. The vocabulary, structures and key phrases used are those which are appropriate to these general business situations.

We have taken it as axiomatic that learners must first of all listen to the foreign language, and listen to quite a lot of it. This is why, from an early stage, the dialogues contain sizeable chunks of 'real' language. It is important that learners become accustomed as soon as possible to hearing people speaking normally in typical situations, and that they thereby rapidly acquire a store of passive knowledge and build up their confidence.

As teachers working widely in the field of language for business, we know that learners need to make maximum impact with the limited amount of language they have. That is why it will help learners a lot if they are encouraged to look for English cognates. Simply by knowing their own language they already possess a substantial stock of French vocabulary, and the dialogues deliberately exploit this knowledge. In Chapter 1, for example, there are words like *excuser, minute, présentation, modèle, commencer, organiser, participant, problème, brochure* and many others. By listening carefully to the dialogues, learners will grow accustomed to the vocabulary, structures and pronunciation of French within a verbal context with which they are already familiar.

We feel that it is equally important that this passive knowledge should be exploited quickly and that learners should begin to acquire an active command of the language as soon as possible. The exercises aim to encourage learners to use the material of the dialogues in order to speak and to develop their communicative skills in French.

Throughout the course, therefore, we have put considerable emphasis on being able to understand and on making oneself understood. Grammatical accuracy and elegance of expression may be desirable, but they are secondary to the prime objective of communicating. Only in the classroom are people more interested in how one says things than in what one says. Learners should realize that simply making the effort to communicate with someone in his or her language is already a point in their favour and that their foreign counterpart will almost certainly be grateful to them for this courtesy.

Suggestions for using the course

Each chapter follows the same pattern and can be exploited in a number of different ways, according to the needs of the learners and the preferred approach of the teacher. The suggestions which follow are based upon our own experience as teachers and are intended simply as a guide. We believe that the material is sufficiently flexible to support teachers new to business language, and at the same time to allow scope for the more experienced teacher.

Préparation

The opening section of each chapter contains a document, or an extract from a brochure, or a similar item of realistic French. Its purpose is to serve as an introduction to the broad theme of the chapter, by providing some simple information and eliciting answers to a few simple questions. We do not expect learners to understand all the information provided. Rather we are trying to show that the gist of a written source can be gleaned with only a limited understanding of French, and thus to encourage learners to use the knowledge they have to their best advantage.

Dialogues

At the beginning of each dialogue is a brief list of *Expressions importantes*. The phrases included here are not necessarily more 'important' than any other phrases in the dialogue. They are there simply because it would be difficult for the learner to work out what they mean by relying on the glossary alone.

The dialogues form the core material of the course and should be exploited as fully and as flexibly as possible. We suggest that learners should initially listen to the whole of each dialogue without the text in front of them. The teacher should then check in English how much has been understood, before playing the tape again with the learners following the dialogue in the book. At this stage, the emphasis should be on a detailed understanding of vocabulary and structures, referring as necessary to the grammar section at the back of the book. Where appropriate, the teacher will enlarge on grammar points that prove difficult by improvising simple transformational exercises. Once the dialogue has been thoroughly understood, the learners should listen to it again as many times as possible without the text in order to build confidence and familiarity.

Activités

The *Renforcement* exercises are designed to pick out one or more points of grammar from the dialogues for practice and reinforcement. They can usually be done either as written or as oral exercises.

The *A votre tour* exercises, as the name implies, require the learners to exploit actively some of the passive knowledge they have acquired through listening to and studying the dialogues. We have placed the emphasis on speaking, as well as on the development of general communicative skills in French, but not exclusively so. Other important skills, such as the understanding of sentence structures or of verb patterns, are also tested and reinforced in these exercises.

The other *activités* offer more complex exercises derived from the dialogues, or perhaps reinforce specific areas of knowledge, such as handling numbers or using the telephone.

Faits et chiffres

This section of the chapter contains two related pieces of information about France. In the first five chapters one of the pieces is in English and the other is in French, whereas in the remaining five chapters both pieces are in French. The English pieces are simply for information, although they may be exploited by means of *activités*. The pieces in French are intended to be used for reading comprehension, and we have left the teacher to exploit them in whatever ways seem appropriate. If time is short, they can be dealt with very quickly, since they are not essential for the work in subsequent chapters. Rather they are a way of broadening the learners' range of skills and of increasing their passive knowledge of certain aspects of France and French life.

Key Phrases

This section at the back of the book should be systematically and regularly used. It contains many of the essential phrases that, as we know from experience, learners will find most useful in certain key situations. Learners should be encouraged to become completely familiar with the material, which can be exploited very usefully in role-playing activities, for example.

Grammar

The grammar section is a reference section and contains the basic grammar information that learners at this level will need. The numbers in triangles alongside certain exercises cross-refer to the relevant paragraphs in this section. Before tackling these exercises, the appropriate grammar should be studied and assimilated.

Acknowledgements _____

While writing and testing *Hotel Europa France*, we received a great deal of help from numerous people, both in the UK and in France, ranging from willing students who acted as guinea pigs, to friends and colleagues who provided us with realia, offered helpful advice or read the original manuscript. However, we would like to record our particular gratitude to Monsieur Alexandre de Kluguenau of Saca S.A., Madame Anne Bitz of L'Oréal, Miss Tiffany Hosking of Promostyl, and Monsieur Jean-Marc Brunerie.

1 / Une salle de séminaire pour 35 personnes

In Stage 1, you will begin to:

- understand business situations
- use some business language yourself
- ask questions
- provide some information
- start to learn numbers
- learn to spell names using the French alphabet

Préparation/*Preparation*

Look at the extract below and then answer the questions which follow.

	Nombre de chambres	Avec douche	Avec salle de bains	Téléviseur	Téléphone direct	Minibar	Garage	Parking gratuit	Restaurants	Bars	Salles de séminaire	Capacité	Service affaires	Téléfax	Équipements audiovisuels	Boutique	Salle de gymnastique	Sauna	Piscine	Tennis
Hôtel de France	50	25	25	–	–	–	*	–	2	1	1	45	–	–	*	–	–	–	*	–
Hôtel Europa	80	29	41	*	–	–	*	–	2	1	2	85	*	*	*	–	–	–	*	*
Hôtel Splendide	90	–	90	*	*	*	–	*	3	2	5	360	*	*	*	–	–	*	*	*
Grand Hôtel	96	27	52	*	*	–	–	*	2	1	3	150	*	*	*	*	*	*	*	–
Hôtel de la Paix	58	17	20	–	–	–	–	*	1	1	1	30	–	–	*	–	–	–	–	*

une douche	*a shower*
une salle de bains	*a bathroom*
gratuit	*free*
les affaires	*business*
la piscine	*the swimming pool*

1 Which hotel has the largest number of rooms?

2 Which hotel(s) would you choose if you needed covered parking?

3 Which hotel has the most bedrooms with private bathroom?

4 Where would you go if you wanted a choice of restaurants?

5 Which hotel has the best sports and leisure facilities?

6 Do any of the hotels have rooms without either private bathroom or shower?

7 Which hotels seem to offer the best conference facilities?

8 Which hotel do you think is likely to be the most expensive?

Dialogue 1

Jamalex S.A. is a French knitwear company. In February each year it shows its new Autumn/Winter collection to fashion buyers. Paul Maroger, sales manager at Jamalex, and his secretary, Sophie Lambert, are working on a presentation.

Expressions importantes/*Important phrases*

C'est à quel sujet?	*What is it about?*
Que dois-je faire?	*What should I do?*
Il y a une grande salle disponible	*There is a large room available*

Écoutez le dialogue/*Listen to the dialogue*

Sophie Lambert:	Excusez-moi, monsieur, vous avez une minute?
Paul Maroger:	Bien sûr. C'est à quel sujet?
Sophie Lambert:	C'est pour la présentation des modèles. Que dois-je faire?
Paul Maroger:	Ah oui, c'est vrai, c'est en février. Nous attendons trente-cinq participants.
Sophie Lambert:	Mais oui, c'est ça le problème! La salle du premier étage est petite. Vingt, vingt-cinq personnes, bon, c'est possible, mais trente-cinq, non!
Paul Maroger:	D'accord. Téléphonez à deux ou trois hôtels, et demandez une salle de séminaire pour trente-cinq personnes. Il y a certainement une grande salle disponible!

Conseils pratiques/*Useful hints*

il y a   This essential phrase is the equivalent of the English 'there is' and 'there are'.

Activités/*Activities* _____

A   Renforcement/*Reinforcement*

Fill in the appropriate form of the indefinite article (*un, une*).

.... participant	.... personne
.... minute	.... modèle
.... présentation	.... salle
.... hôtel	.... problème

B   A votre tour/*It's your turn*

Listen to the sentences on the cassette, then play them a second time, trying to pronounce them with the voice on the tape and 'shadowing' the intonation and expression.

1 Excusez-moi, vous avez une minute?

2 C'est pour la présentation en février

3 C'est pour trente-cinq personnes?

4 Il y a un problème

5 La salle est petite

6 Que dois-je faire?

Dialogue 2

Sophie Lambert telephones Hotel Europa as requested and speaks to Madame Bolin, the receptionist.

Expressions importantes

Je m'appelle Sophie Lambert
Je peux vous aider?
Voulez-vous me donner votre adresse?

My name is Sophie Lambert
Can I help you?
Would you mind giving me your address?

Écoutez le dialogue

Mme Bolin:	Hôtel Europa, bonjour!
Sophie Lambert:	Bonjour, madame. Je m'appelle Sophie Lambert, je suis de la société Jamalex.
Mme Bolin:	Bonjour, mademoiselle. Je peux vous aider?
Sophie Lambert:	La société Jamalex organise une présentation de modèles en février. Est-ce que vous avez une salle de séminaire pour trente-cinq personnes?
Mme Bolin:	Mais oui, bien sûr. La salle Trianon a quarante places, et la salle Versailles a quarante-cinq places.
Sophie Lambert:	Ah, très bien. Je peux avoir une brochure, s'il vous plaît?
Mme Bolin:	Certainement. Voulez-vous me donner votre adresse?

Activités

A Renforcement

Fill in the appropriate form of the definite article (*le, la, l'*).

.... sujet   .... hôtel
.... étage   .... brochure
.... présentation   .... problème
.... adresse   .... société
.... participant   .... salle

B A votre tour

Listen to the questions on the cassette and answer them in French in the gap provided, using the English prompts.

Modèle: La présentation est en décembre?
          (*No, in February*)
          Non, en février

1 La présentation est en décembre?

2 Il y a trente participants?

3 Sophie Lambert téléphone à cinq hôtels?

4 Il y a trois salles de séminaire à l'hôtel Europa?

5 La salle Trianon a quarante-cinq places?

6 Sophie Lambert demande une réservation?

C Join the appropriate halves of each of the following sentences from the dialogues together.

Vous avez   à deux ou trois hôtels
Il y a certainement   avoir une brochure, s'il vous plaît?
La salle du premier étage   Sophie Lambert
Téléphonez   est petite
Je m'appelle   une grande salle disponible
Je peux   une minute?

Dialogue 3

Paul Maroger discusses the hotel with his secretary and asks her to make an appointment for him to visit it.

Expressions importantes

Ça semble intéressant   *That looks interesting*
Je ne connais pas l'hôtel Europa   *I don't know the Hotel Europa*
Fixez un rendez-vous pour demain   *Make an appointment for tomorrow*
pas le matin   *not in the morning*
de préférence l'après-midi   *preferably in the afternoon*

 Écoutez le dialogue

Sophie Lambert: Oh, Monsieur Maroger! J'ai la réponse de l'hôtel Europa. Voici la brochure.

Paul Maroger: Ah, très bien! Ça semble intéressant. Je ne connais pas l'hôtel Europa. Et vous?

Sophie Lambert: Un peu. C'est dans le centre. C'est très moderne.

Paul Maroger: La salle de séminaire est grande?

Sophie Lambert: Il y a deux salles. La salle Trianon a quarante places, et la salle Versailles quarante-cinq.

Paul Maroger: Je vois .... Mademoiselle Lambert, la présentation de février est importante, je voudrais visiter l'hôtel personnellement. Téléphonez et fixez un rendez-vous pour demain, s'il vous plaît. Mais pas le matin: de préférence l'après-midi.

Conseils pratiques

Je voudrais visiter l'hôtel *Je voudrais* is a useful phrase meaning 'I would like'. *Je voudrais une brochure* (I would like a brochure), *je voudrais fixer un rendez-vous* (I would like to make an appointment).

Activités

A Renforcement

Give the plural of the following nouns:

l'hôtel	une chambre
la douche	la date
une société	un problème
le nom	la place

 B A votre tour

Using the verb in brackets, fill in the gap in each of the following sentences:

Modèle: (*être*) C'................. possible
C'est possible

1 (*téléphoner*) Il .... à son directeur

2 (*fixer*) Nous .... un rendez-vous

3 (*visiter*) Elle .... l'hôtel

4 (*donner*) Ils .... l'adresse

5 (*demander*) Vous .... deux brochures

6 (*être*) Ils .... là en février

7 (*organiser*) Elles .... une présentation

8 (*aider*) J'................. la réceptionniste

9 (*être*) Nous .... dans le centre

10 (*être*) C'................. vrai

Dialogue 4

Sophie Lambert telephones the Hotel Europa and makes an appointment for her director to visit the hotel.

Expressions importantes

Qu'est-ce que je peux faire pour vous?	*What can I do for you?*
Comme vous le savez . . .	*As you know . . .*
Nous avons besoin d'une salle	*We need a room*
À quelle heure?	*At what time?*
Est-ce que ça vous convient?	*Does that suit you?*
C'est quel nom?	*What name is it?*
C'est noté	*I've made a note of it*

 Écoutez le dialogue

Mme Bolin: Hôtel Europa, bonjour.

Sophie Lambert: Bonjour, madame. C'est Sophie Lambert, de la société Jamalex.

Mme Bolin: Ah bonjour, Mademoiselle Lambert. Qu'est-ce que je peux faire pour vous?

Sophie Lambert:	Merci pour la brochure: elle est très intéressante. Comme vous le savez, nous avons besoin d'une salle de séminaire pour trente-cinq personnes pour février. Mon directeur voudrait visiter vos salles. Demain, c'est possible?
Mme Bolin:	Mais bien sûr. A quelle heure?
Sophie Lambert:	A quatorze heures. Est-ce que ça vous convient?
Mme Bolin:	Ah oui, l'après-midi, ça va très bien. Monsieur Molvau, le directeur-adjoint, est là demain, il est responsable des séminaires. C'est quel nom, s'il vous plaît?
Sophie Lambert:	C'est Monsieur Maroger, M-A-R-O-G-E-R, de la société Jamalex.
Mme Bolin:	Bon, très bien, alors demain, à quatorze heures. C'est noté.
Sophie Lambert:	Merci beaucoup, madame. Au revoir.
Mme Bolin:	Au revoir, Mademoiselle Lambert.

Conseils pratiques

ça va This very common phrase may have a number of English equivalents, but its general sense is to indicate that things are all right.

When *de* (of, from) is combined with *le* or *les* it becomes *du* or *des*: *la salle du premier étage* (the first floor room), *la présentation des modèles* (the presentation of the designs), but *je suis de la société Jamalex* (I'm from Jamalex).

Activités

A   **Renforcement**

Listen to each of the statements on the cassette and then convert them into questions by changing the intonation.

Modèle: C'est dans le centre
C'est dans le centre?

1 C'est en février

2 La brochure est intéressante

3 Il y a deux salles

4 C'est Sophie Lambert

5 Monsieur Molvau est là demain

6 Ils ont besoin d'une salle

B   Convert the following statements into questions using *est-ce que*.

Modèle: C'est en décembre
Est-ce que c'est en décembre?

1 C'est pour la présentation des modèles

2 Il téléphone à l'hôtel

3 Le directeur voudrait visiter l'hôtel

4 Il y a une salle disponible

5 Je peux vous aider

6 La salle est petite

C   **A votre tour**

Rearrange the words in each column in order to reproduce the correct sentences.

faire	avons	visiter	séminaires	demain
peux	trente-cinq	voudrait	le	un
que	pour	vos	demain	fixez
pour	salle	mon	responsable	après-midi
qu'est-ce	nous	salles	est	s'il vous plaît
vous	personnes	directeur	des	rendez-vous
je	besoin		là	pour
	d'une			

D   Your secretary brings a problem to your attention. Answer her, using the English prompts.

Secretary: Excusez-moi, monsieur, vous avez une minute?

You: (*Of course, what is it about?*)

Secretary:	Vous avez rendez-vous demain chez Robin.
You:	(Yes, that's true, at 2 pm)
Secretary:	Oui, mais il y a un problème: demain à quatorze heures vous avez rendez-vous à l'hôtel Europa!
You:	(Please telephone the hotel, ask for Madame Morin)
Secretary:	Bien, monsieur.
You:	(Make a new appointment, preferably in the morning)
Secretary:	Certainement.

E Practising numbers. Listen to the announcement below on the cassette, filling in the gaps in the text. (Note: *le numéro de téléphone* – the telephone number)

L'hôtel de France est situé .... avenue de la République et le

numéro de téléphone est le .... Il y a .... chambres

pour .... personne et .... chambres pour ....

personnes. Il y a .... chambres avec salle de bains et ....

chambres avec douche. L'hôtel de France a .... restaurants.

Le restaurant Vauban a .... places et le restaurant Le Nôtre

a .... places. Il y a aussi .... salle de séminaire pour ....

personnes.

The French Alphabet

Although French uses the same alphabet as English, the names of the letters are mostly pronounced differently, and in one or two cases the names themselves are different: w is *double v*, and y is *i grec*. Listen to the French alphabet on the cassette several times before repeating it with the tape.

F Spell these French names. Check your pronunciation by listening to them on the cassette. Note how double letters are spoken as *deux* ...., e.g. *deux l, deux n*.

Sophie	Jacques	Gabriel	Versailles
Yves	Bordeaux	Franck	Wagram

Now practise spelling your own name, the name of your street, and the name of your town.

● ●

Faits et chiffres/Facts and figures

Un peu de géographie

- La France mesure 550 000 km² approximativement. Les distances maximum nord-sud et est-ouest sont un peu inférieures à 1 000 km.
- La France a la forme d'un hexagone, et les Français emploient ce nom: *la population de l'Hexagone, dans tout l'Hexagone* etc.
- La France possède cinq fleuves principaux: la Seine, la Loire, le Rhône, la Garonne et une partie du Rhin.
- Les montagnes principales sont les Alpes dans le sud-est et les Pyrénées dans le sud-ouest. Il y a aussi des montagnes d'altitude inférieure dans le centre (le Massif central) et dans l'est (les Vosges et le Jura).

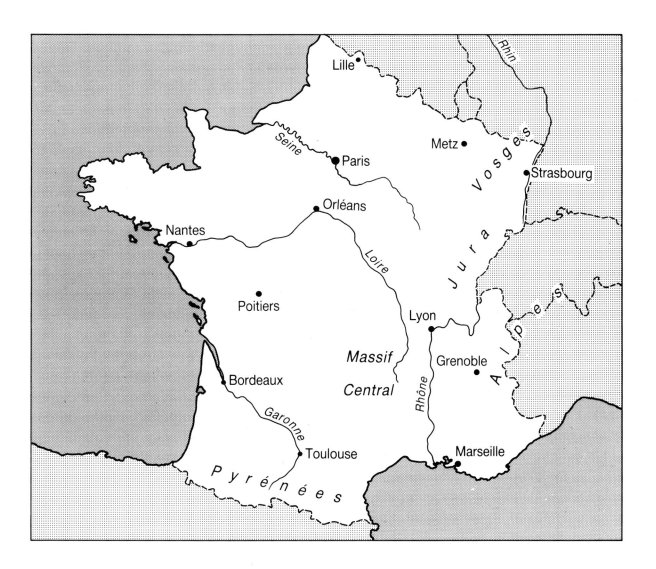

Forms of address

- On the whole the French are still more formal than the British in the way they address each other and make social contact.
- On first acquaintance or at work, people frequently use the forms of address *monsieur, madame, mademoiselle*. *Madame* is usually used when addressing married women and older single women. *Mademoiselle* is used to address unmarried younger women.
- If you omit these forms of address, you may sound rather curt or casual. So you must get into the habit of not simply saying *bonjour* or *merci*, but *bonjour monsieur* etc. or *merci madame* etc. As you get to know people, you do not have to use these as often.

- In shops and public places you will often hear the expression *messieurs-dames*. It is not appropriate to other situations.
- At work, you will often hear people using a person's name after *monsieur, madame, mademoiselle*. This is common practice between people of equal status or to someone of junior status. However, in social situations, you should use *monsieur, madame, mademoiselle* only. Senior people at work are sometimes addressed by their title, e.g. *Monsieur le directeur* etc.

However, habits are changing fast, and amongst younger people in particular, first names are used very soon after they have met, whether socially or professionally.

• •

Action checklist

Before moving on to Stage 2, make sure that you can:

- say who you are
- spell your name using the French alphabet
- say which company you are from
- say what you would like to do
- ask simple questions

2 / Très heureux de vous rencontrer

In Stage 2, you will learn:
- how to introduce and greet people
- how to check in at a hotel
- some more numbers
- how to ask more complex questions
- how to give simple directions

Préparation

Here is part of the organization chart of the Jamalex company. Study it carefully and then, using the glossary at the back of the book to help you, answer the questions which follow.

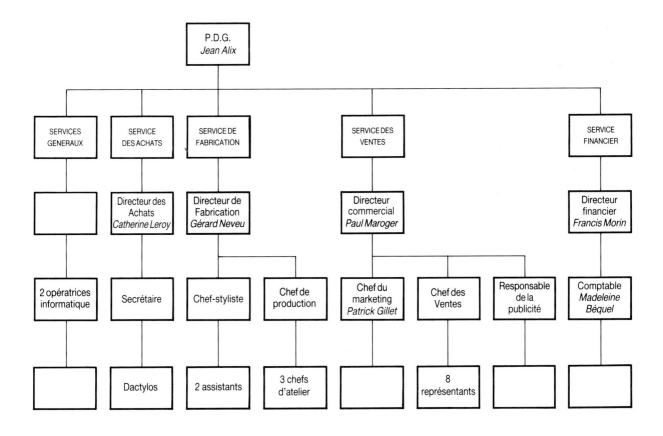

1 Who is the managing director of the company?

2 What is Catherine Leroy's job?

3 In which department is the head of marketing?

4 Who would you contact if you had problems over non-delivery of goods ordered?

5 Who is in charge of finance operations?

6 To whom is the head of advertising directly responsible?

7 How many staff are there in the design office?

8 Who does the head of production have directly under him?

Dialogue 1

Paul Maroger and Sophie Lambert arrive at Hotel Europa reception, expecting to meet Jean Molvau at 2 pm.

Expressions importantes

Vous désirez?	*Can I help you?*
Je me souviens	*I remember*
Je vais prévenir M. Molvau	*I'll inform M. Molvau*
Si vous voulez vous asseoir	*If you would like to take a seat*
Désolé de vous faire attendre	*Sorry to keep you waiting*

Écoutez le dialogue

Mme Bolin: Bonjour, monsieur. Vous désirez?

Paul Maroger: Bonjour, madame. Je suis Paul Maroger, de la société Jamalex, et voici ma secrétaire, Mademoiselle Lambert. Nous avons rendez-vous avec Monsieur Molvau à 14 heures.

Mme Bolin: Ah oui, je me souviens! Je suis Madame Bolin. Je vais prévenir Monsieur Molvau tout de suite. Si vous voulez vous asseoir en attendant...

Paul Maroger: Merci.

Mme Bolin: Allô, Monsieur Molvau? Monsieur Maroger et Mademoiselle Lambert, de la société Jamalex, sont à la réception. Ils ont rendez-vous avec vous à quatorze heures... Vous finissez dans cinq minutes? Très bien, je vais communiquer le message... Monsieur Molvau est désolé de vous faire attendre, il est avec un fournisseur, il vient dans cinq minutes.

Paul Maroger: Très bien.

Conseils pratiques

Si vous voulez... This is a common polite expression in French, used to invite somebody to do something. Look out for further examples in the next three dialogues.

Activités ———————————————

A Renforcement

Fill in the correct form of the verb *avoir* (to have) in the gap provided.

1 J'......... rendez-vous à 15 heures

2 La salle Versailles .... 45 places

3 Nous .... deux salles de séminaire

4 Elle .... la réponse de l'hôtel Europa

5 Vous .... une minute?

6 Ils .... besoin d'une grande salle

7 Les secrétaires .... les adresses

8 Il .... une secrétaire

9 Elles .... la brochure

10 J'......... un message

B A votre tour

Listen to the following questions on the cassette and answer them in French in the gap provided.

Modèle: Paul Maroger est de la société Sofral?
Non, de la société Jamalex

1 Paul Maroger est de la société Sofral?

2 Sa secrétaire est Madame Bolin?

3 Ils ont rendez-vous avec Monsieur Molvau à 15 heures?

4 Ils sont au bar?

5 Monsieur Molvau finit dans vingt minutes?

6 Monsieur Molvau est avec sa secrétaire?

Dialogue 2

While Paul Maroger and his secretary are waiting, a guest arrives at the hotel and checks in.

Expressions importantes

jusqu'au 18	*until the 18th*
Si vous voulez bien remplir cette fiche	*Would you mind filling in this form?*
Je vais vérifier	*I'll check*
Il n'y a rien	*There is nothing*

Écoutez le dialogue

Madame Bolin: Bonjour, monsieur. Vous désirez?

Client: Bonjour, madame, je suis Marc Barrault, de la société Barrault Frères. J'ai une chambre réservée jusqu'au 18.

Mme Bolin:	Mais oui, monsieur: une chambre pour une personne avec salle de bains. Si vous voulez bien remplir cette fiche. . . Merci. Voici votre clé.
Client:	Il y a des messages pour moi?
Mme Bolin:	Un instant, je vais vérifier. Non, monsieur, il n'y a rien.
Client:	Écoutez, j'ai un problème urgent. Est-ce que je peux envoyer une télécopie?
Mme Bolin:	Mais bien sûr, monsieur. Vous avez votre document?
Client:	Oui, voici. Merci beaucoup, madame.
Sophie Lambert:	Le service a l'air très bien ici.

Conseils pratiques

Écoutez This literally means 'listen' and is frequently used in conversation. Very often, as here, it is simply a way of announcing a statement.

Activités

A   Renforcement

In the following passage, replace the infinitive in brackets with the appropriate form of the present tense.

L'hôtel Europa (*être*) dans le centre ville. Paul Maroger et sa secrétaire (*aller*) inspecter l'hôtel. L'Europa (*avoir*) une excellente réputation, mais Monsieur Maroger voudrait voir les salles de séminaire personnellement. Ils (*avoir*) rendez-vous avec Monsieur Molvau à 14 heures, mais malheureusement ils (*avoir*) des problèmes et ils (*arriver*) en retard. 'Nous (*être*) désolés', dit-il à la réceptionniste. 'Ce n'est rien, monsieur. Je (*téléphoner*) à Monsieur Molvau. . . Il (*arriver*).'

B   Renforcement

If necessary, change the adjective in brackets to make it agree with its noun.

un client (important)
une (grand) réunion
deux hôtels (excellent)
Madame Bolin est (désolé)
les salles sont (petit)
M. Molvau est (occupé) demain

la salle Versailles est déjà (réservé)
il y a des messages (urgent)
ils sont très (aimable) ici
la brochure n'est pas très (intéressant)

C A votre tour

How would you say in French that:

1 you are from the Sofral company

2 this is your secretary

3 you are going to pass on the message

4 you have a room booked

5 there is a message

6 you are going to check

7 you have an urgent problem

8 the service seems very good

Dialogue 3

The conference manager, Jean Molvau, arrives and introductions are made.

Expressions importantes

Très heureux de faire votre connaissance	*Delighted to meet you*
J'ai cinq minutes de retard	*I am five minutes late*
Permettez-moi de vous donner ma carte	*Let me give you my card*
Si vous voulez me suivre	*If you would kindly follow me*

Écoutez le dialogue

Jean Molvau:	Monsieur Maroger? Je suis Jean Molvau. Très heureux de faire votre connaissance.
Paul Maroger:	Enchanté. Je vous présente ma secrétaire, Mademoiselle Lambert.
Sophie Lambert:	Enchantée, monsieur.
Jean Molvau:	Moi aussi, très heureux de vous rencontrer. Excusez-moi, je suis en retard, mais nous allons acheter un nouveau micro-ordinateur pour les réservations, et il y a beaucoup de détails compliqués.
Paul Maroger:	Je vous en prie, ce n'est pas grave. Votre réceptionniste est très aimable. Permettez-moi de vous donner ma carte.
Jean Molvau:	Merci. . . Et voici la mienne. Maintenant, si vous voulez me suivre. . .

Conseils pratiques

Je vous en prie This has a number of English equivalents depending on the context. Very often it is used, as here, to reassure someone. Its sense, therefore, is something like 'that's quite all right'.

Activités _____

A Renforcement

Fill in the appropriate form of the present tense of *aller* in the gap provided.

  1 Je .... organiser la présentation

  2 Il .... envoyer une brochure

  3 Nous .... commencer demain

  4 Ils .... réserver la salle Versailles

  5 Vous .... arriver à quatorze heures

  6 Elle .... fixer un rendez-vous

  7 Je .... téléphoner

  8 Il .... venir tout de suite

  9 Nous .... rencontrer le directeur export

  10 Ils .... demander les documents

B   A votre tour

You are meeting a business colleague for the first time. Practise the necessary introductions, using the guidelines below.

1st colleague:	*Say who you are. Say you are very pleased to meet your colleague.*
2nd colleague:	Enchanté. Je suis François Clouzot. Je vous présente mon assistante.
1st colleague:	*Say you are pleased to meet her.*
2nd colleague:	Permettez-moi de vous donner ma carte.
1st colleague:	*Say thank you and offer your card in return.*

Dialogue 4

As Jean Molvau escorts his visitors to his office, he points out the location of various hotel facilities.

Expressions importantes

Passez, je vous en prie	*After you*
Si vous tournez à gauche	*If you turn left*
Si vous voulez bien entrer	*If you would kindly go in*

Écoutez le dialogue

Jean Molvau:	Toutes nos salles d'accueil sont au rez-de-chaussée. A droite, vous avez le vestiaire, le bar et le grill. Tout droit, c'est la salle à manger et à côté, c'est la discothèque. Passez, je vous en prie.
Sophie Lambert:	Merci.
Jean Molvau:	Si vous tournez à gauche, mon bureau est tout au fond. Voilà les salles de séminaire et la salle à manger particulière.
Sophie Lambert:	Et qu'est-ce que vous avez comme équipements sportifs?
Jean Molvau:	Nous avons une piscine et un tennis. Le tennis est derrière la piscine.
Paul Maroger:	Vos équipements sont très modernes. Et le décor est très agréable.
Jean Molvau:	Merci. Voici mon bureau. Si vous voulez bien entrer. . .

Conseils pratiques

Je vous en prie   Here it does not have the same sense as in the previous dialogue, but is a formal way of saying 'please'. It can also be used to respond to someone's thanks.

Activités _____

A   Renforcement

How would you ask someone in French:

1 Who is going to Poitiers?

2 Who has an appointment with the marketing director?

3 Who is coming at 2 pm?

4 Who are you waiting for?

5 Who has the telephone number?

6 Who is Sophie Lambert?

7 Who are you meeting at the office?

8 Who is telephoning the hotel?

B   Fill in the appropriate form: *que?* or *qu'est-ce que?*

1 .... il fait?

2 .... demandez-vous?

3 .... vous organisez comme présentation?

4 .... vous donnez à la réceptionniste?

5 .... faisons-nous?

6 .... elle réserve pour le séminaire?

7 .... sait-elle?

8 .... nous donnons?

9 .... remplit-il?

10 .... réservez-vous?

C A votre tour

A visitor has arrived at reception and you now have to escort him around the company. Using the plan below, describe the layout of the premises.

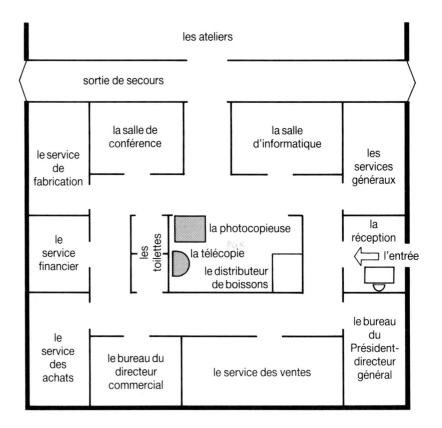

D Listen to the questions on the cassette. Reply in the gap left at the end of each question, increasing the given number by two.

Modèle: La chambre est pour deux personnes?
         Non, quatre.

1 Il y a une salle de conférences?

2 L'hôtel a quinze chambres?

   3 Nous attendons dix participants?

   4 Tu téléphones à deux hôtels?

   5 La salle Trianon a dix-huit places?

   6 Vous avez trois brochures?

   7 L'hôtel de France est situé 11 rue du Port?

   8 Vous venez dans cinq minutes?

   9 Vous envoyez six documents?

   10 Elle a sept minutes de retard?

Les numéros de téléphone

French telephone numbers usually consist of eight digits. When telephone numbers are spoken in French they are divided into pairs and usually preceded by *le*. For example, 17201118 would be written 17.20.11.18 and said as *le dix-sept.vingt.onze.dix-huit*. If nought comes first in a pair, it is said as *zéro*. For example, 17.02.11.18 is said as *le dix-sept.zéro deux. onze. dix-huit*.

E Listen to the following dialogue on the cassette and make a note of the different telephone numbers mentioned.

Secrétaire A: Excusez-moi, vous avez le numéro de téléphone de l'hôtel Florida, s'il vous plaît? C'est pour une réservation.

Secrétaire B: Oui, tout de suite. . . Une minute . . . Ah voilà, c'est le ....

Secrétaire A: Attendez, je note. . . Le ....

Secrétaire B: Non, non, attention: le ....

Secrétaire A: Ah, d'accord. Alors le ....

Secrétaire B: Mais non! Je répète: le ....

Secrétaire A: Ah bon, très bien, le ....

Secrétaire B: Mais ce n'est pas possible, enfin! Écoutez, c'est le ....

Secrétaire A: Le ....

Secrétaire B: C'est exact! Mais il y a un problème – l'hôtel est fermé en février, vous savez.

F Now practise saying the following telephone numbers:

20.15.05.40   35.08.16.09   45.12.01.14   25.06.10.19   30.13.07.04

● ●

Faits et chiffres

Greetings

- Greetings vary according to the time of day. When meeting someone, *bonjour* is used at virtually any time of day, whereas *bonsoir* is only used in the evening. When saying goodbye, *au revoir* is right in any circumstances, but *bonsoir* is again used only in the evening. *Bonne nuit* is only used to people whom you know very well, for example on going to bed at night. *Salut* is an informal greeting and is roughly the equivalent of 'Hi!' or 'Bye!'. *A bientôt* is the equivalent of 'see you soon'.

- Shaking hands (*se serrer la main*) is customary when you first meet someone during the day and again when you leave, even if this is on an everyday basis. Kissing on both cheeks (*s'embrasser*) among men and women who know each other really well is also customary.

- In French there are two ways of saying 'you': *tu* is singular and is only used to people you know well. However, young people say *tu* to each other even after scant acquaintance. In formal situations, and in particular in the world of business, the French will usually use *vous*, which in these circumstances acts as both singular and plural. This is the safest form to use, and you should keep using it until you get to know people better and are invited to use *tu* to someone (*tutoyer*).

La population française

- La France compte environ 55,5 millions d'habitants. Il y a approximativement 1 million de femmes de plus que d'hommes.

- 80% des Français habitent dans les villes. Les villes principales sont Paris (la région parisienne a 9 millions d'habitants), Lyon et Marseille (avec 1,3 et 1,2 millions d'habitants respectivement), Lille et Bordeaux.

- En ce moment, l'âge de la population augmente et depuis 1975, le nombre d'enfants diminue.

- Il y a en France 4,5 millions d'étrangers. La grande majorité des immigrés vient du Maghreb, d'Afrique noire et des autres pays européens.

- La population active est de l'ordre de 24 millions. Il y a maintenant environ 2,5 millions de demandeurs d'emploi (c'est-à-dire un peu plus de 9% de la population), et le chômage touche plus les femmes que les hommes.

● ●

Action checklist

> *Before moving on to Stage 3, make sure that you can:*
>
> - use simple greetings
> - make introductions
> - give simple directions
> - say telephone numbers

3 Passons maintenant à notre affaire

> *In Stage 3, you will learn*
> - to make introductory small talk
> - to describe a company and its requirements
> - to make simple telephone calls
> - to plan an agenda
> - some more numbers
> - how to say 'not' and 'never'

Préparation

Below are some details about the Jamalex company.

RAISON SOCIALE	Jamalex
STATUT	S. A.
SIEGE SOCIAL	Z. I. des Mûriers, 86012 Villeneuve
SECTEUR	secondaire
DATE DE CREATION	1976
PRODUITS	tricots
IMPLANTATION	nationale
EXPORTATIONS	26 %
DESTINATIONS	Allemagne, Grande-Bretagne
USINES	4 ateliers 2 entrepôts
EFFECTIFS	98 : 15 cadres, 35 employés, 48 ouvriers
SOUS-TRAITANTS	12
C.A.	210 000 000 FF

Answer the following questions:

1 Where is the company's head office?

2 Which economic sector is it in?

3 What is its market penetration in France?

4 Which export markets is it active in?

5 How many employees does it have?

6 How many of these are clerical staff?

7 What manufacturing and distribution facilities does it have?

8 What is the company's annual turnover?

Dialogue 1

Jean Molvau makes his visitors comfortable before starting the meeting.

Expressions importantes

Je vous en prie, mettez-vous à l'aise	*Please make yourselves comfortable*
Asseyez-vous donc	*Do sit down*
Vous prendrez bien du café?	*You'll have some coffee, won't you?*
Pourriez-vous apporter du café?	*Could you bring some coffee?*
moi non plus	*nor me*
Passons maintenant à notre affaire	*Now let's get down to business*

Écoutez le dialogue

Jean Molvau:	Je vous en prie, mettez-vous à l'aise. Je peux prendre vos manteaux? Asseyez-vous donc.
Paul Maroger:	Merci bien.
Sophie Lambert:	Merci.
Jean Molvau:	Vous prendrez bien du café?
Paul Maroger:	Volontiers.
Sophie Lambert:	Avec plaisir.
Jean Molvau:	Excusez-moi un instant. Allô, Catherine? Pourriez-vous apporter trois cafés dans mon bureau, s'il vous plaît? Oui, tout de suite. Merci.
Paul Maroger:	Vous êtes vraiment très bien placés ici. Ce n'est pas loin de l'autoroute, mais c'est calme.
Jean Molvau:	Oui, il n'y a pas beaucoup de bruit, même le soir . . . Ah, voici les cafés! Vous prenez du sucre?
Sophie Lambert:	Non merci, je ne prends jamais de sucre.
Paul Maroger:	Non merci, moi non plus.
Jean Molvau:	Bon. Eh bien, passons maintenant à notre affaire.

Activités

A Renforcement

Fill in the appropriate form of the verb in brackets.

1 Elle (*mettre*) les documents sur le bureau

2 Ils (*prendre*) du café

3 Il (*prendre*) nos manteaux

4 Nous (*mettre*) la salle Trianon à votre disposition

5 Vous (*mettre*) le café sur la table, s'il vous plaît?

6 Oui, je (*prendre*) du sucre

7 Un instant, je (*mettre*) mon manteau

8 Nous (*prendre*) le train pour Bordeaux

B Renforcement

Insert the appropriate form: *du, de la, de l'*, or *des*.

1 La société Sofrex a .... difficultés en ce moment

2 Voulez-vous apporter .... café, s'il vous plaît?

3 Est-ce qu'il y a .... bruit?

4 Organiser .... séminaires, c'est difficile

5 Il y a .... hôtels excellents ici

6 Elle fait .... informatique

7 J'ai .... sucre, merci

8 Est-ce que vous faites .... publicité?

C   A votre tour

Using the guidelines below, welcome a guest into your office.

You: *Greet your guest, say that your name is Jones and that you are delighted to meet him/her.*

Guest: Enchanté(e).

You: *Ask him/her to come in.*

Guest: Merci.

You: *Offer to take his/her coat.*

Guest: Merci beaucoup.

You: *Ask him/her to sit down.*

Guest: Merci.

You: *Ask if he/she would like coffee.*

Guest: Avec plaisir.

You: *Ask your secretary to bring coffee for two. Ask if your guest takes sugar.*

Guest: Non merci.

You: *Suggest that you get down to business.*

Dialogue 2

Paul Maroger explains why his company is looking for a hotel and gives details of his requirements.

Expressions importantes

tous les ans	*every year*
le mieux serait le 18	*the 18th would be best*
Quelques clients sont à cinquante kilomètres	*Some customers are fifty kilometres away*

Écoutez le dialogue

Paul Maroger: Permettez-moi de vous expliquer la situation. Notre compagnie, la société Jamalex, est spécialisée dans le tricot, en particulier les pull-overs, et tous les ans nous organisons une présentation de

nouveaux modèles en février, et une deuxième en octobre. Ces présentations sont pour les gros clients potentiels, c'est-à-dire les acheteurs des grands magasins. Nous voulons une salle avec. . .

Jean Molvau:	Excusez-moi de vous interrompre, mais combien de personnes invitez-vous?
Paul Maroger:	Trente clients. Et il y a aussi cinq personnes de notre compagnie, donc cela fait trente-cinq personnes en tout.
Jean Molvau:	Très bien, je note.
Paul Maroger:	A notre siège social, nous ne sommes pas équipés pour recevoir trente-cinq personnes. Nous cherchons donc une salle de séminaire assez grande, avec quelques équipements spécialisés.
Jean Molvau:	Pour trente-cinq personnes, pas de problème. Mais pouvez-vous préciser la date de la présentation?
Paul Maroger:	Oui, entre le 16 et le 21 février. Le mieux serait le 18.
Jean Molvau:	Bien. Et c'est pour toute la journée?
Paul Maroger:	Oui, de 9h30 à 17h30. Donc, aujourd'hui, nous sommes ici pour visiter votre établissement.
Jean Molvau:	Je comprends. Mais j'ai une autre question. Vos clients viennent seulement pour la journée?
Paul Maroger:	Non, quelques clients sont à cinquante ou cent kilomètres, mais une vingtaine viennent de loin, et ne peuvent pas faire l'aller et retour dans la journée. Ces clients vont passer une nuit ou deux à l'hôtel.

Conseils pratiques

Permettez-moi de vous expliquer la situation (allow me to explain the situation to you), *excusez-moi de vous interrompre* (forgive me for interrupting you): *permettre* and *excuser* take *de* before an infinitive.

pour If you want to say 'in order to do something', use *pour* followed by the appropriate infinitive: *nous sommes ici pour visiter votre établissement* (we are here in order to visit your establishment).

Activités _____

A   Renforcement

How would you say in French:

1 You can bring the coffee

2 I want to telephone Paris

3 He wants to fix an appointment for tomorrow

4 Can I send a fax?

5 He can wait five minutes

6 Do you want to ask for the key?

7 Can you telephone the office, please?

8 The customers can spend two nights at the hotel

9 They want to visit the hotel

10 We want to explain the situation

B   A votre tour

You are the marketing director of Walter Lidster Ltd, a firm which manufactures high quality footwear (*les chaussures de qualité*). Make a brief presentation of your company and its requirements using the guidelines below.

Say who you are and the position you hold in the company. Briefly describe the company (a small company specializing in high quality footwear). Explain that every year you hold a fashion show in a big hotel for buyers. Say that this year you are inviting 60 people and that there will be a further eight people from the company. Say that 30 of them are coming from a distance and will need accommodation for two nights at the hotel.

Dialogue 3

Jean Molvau telephones Madame Bolin, his assistant, in order to check one or two details.

Expressions importantes

avant de continuer	*before going on*
Si vous voulez bien m'excuser?	*Would you excuse me?*
n'oubliez pas	*don't forget*

Écoutez le dialogue

Jean Molvau: Avant de continuer, je voudrais vérifier les dates. Si vous voulez bien m'excuser? Je vais téléphoner à mon assistante.

Paul Maroger: Je vous en prie.

Jean Molvau: Allô, Madame Bolin? Monsieur Maroger demande la salle Versailles pour le 18 février. Elle n'est pas réservée, n'est-ce-pas? Parfait. Et pour une vingtaine de chambres, le 17, c'est possible aussi? Vous êtes bien sûre? N'oubliez pas le dîner annuel de l'Association de Tennis. Ah, c'est au mois de mars cette année! Bon, je vous remercie.

Il n'y a pas de difficulté pour le 18 février. Nous pouvons prendre des réservations pour cette date.

Paul Maroger: Très bien. Dites-moi, avez-vous l'équipement nécessaire pour une projection? Nous ne faisons pas un défilé de modes, nous faisons une présentation vidéo.

Jean Molvau: Aucun problème: nous fournissons tout l'équipement nécessaire pour cela.

Paul Maroger: Dans ce cas, je crois que nous pouvons continuer.

Conseils pratiques

n'est-ce pas? This is the equivalent of all those English phrases like 'isn't it?', 'aren't they?', 'are you?' etc. In French there is only the one form.

que After verbs of thinking, saying, hoping etc, the French for 'that' is *que*. This word can never be left out in French, even though 'that' is frequently left out in English, e.g. *Je crois que nous pouvons continuer* (I think [that] we can continue).

Activités

A Renforcement

Listen to the sentences on the cassette, then make them negative by inserting *ne . . . pas*.

Modèle: Je viens demain
Je ne viens pas demain

1 J'ai les documents

2 Vous êtes très bien placés ici

3 Nos clients passent la nuit à l'hôtel

4 C'est loin de la gare

5 M. Maroger demande la salle Versailles

6 C'est possible

7 Je suis sûr de la date

8 Nous voulons décider tout de suite

B A votre tour

How would you say in French that:

1 your office is not far

2 your secretary doesn't know the hotel

3 you do not want to telephone the hotel

4 the finance department is unable to send the documents

5 you are unable to check the details

6 you cannot organize a presentation at your company's offices

7 you don't organize a fashion parade every year

8 Mr Jones is not at reception

Dialogue 4 ——————————————————————————

Jean Molvau suggests how they should plan the rest of Paul Maroger's visit.

Expressions importantes

Je vous propose la chose suivante	*I suggest the following*
Si vous voulez bien	*If that's all right with you*
Je ne me rappelle jamais	*I never remember*

🔲 Écoutez le dialogue

Jean Molvau: Alors, comment voulez-vous procéder? Vous avez combien de temps?

Paul Maroger: Environ une heure. Je dois être au bureau à 15 heures 45 pour un autre rendez-vous. C'est bien 15 heures 45, n'est-ce pas Mademoiselle Lambert? Je ne me rappelle jamais mes rendez-vous.

Sophie Lambert: Non, monsieur, 15 heures 30.

Jean Molvau: Dans ce cas, je vous propose la chose suivante. Nous commençons par visiter la salle Versailles et les salles à manger. Puis nous revenons ici pour discuter les détails, et enfin, si vous voulez bien, le Chef va venir à 15 heures pour parler des menus. Je peux alors établir les prix et confirmer notre offre avant la fin de la semaine prochaine. Cela vous convient?

Paul Maroger: Tout à fait. Moi aussi, je voudrais décider rapidement!

Conseils pratiques

Vous avez combien de temps? (How much time have you got?): *combien de* can mean either 'how much' or 'how many'. *Combien de personnes?* (How many people?).

puis nous revenons ici   Revenir = re + venir, which means that it forms its tenses in exactly the same way as *venir*. As in English, *re-* in front of many words indicates that something is happening or being done again.

Activités

A   Renforcement

Listen to the questions on the cassette, then answer them using *ne . . . jamais* and the prompts in brackets.

Modèle: Vous prenez du sucre?
(*Ah non* ....)
Ah non, je ne prends jamais de sucre

Hôte:	Vous prenez un café?
Invité:	(*Non merci,* ....)
Hôte:	Une eau minérale peut-être?
Invité:	(*Excusez-moi,* ....)
Hôte:	Ou alors un whisky?
Invité:	(*Je suis désolé, mais* ....)
Hôte:	Ah je sais! Un cognac?
Invité:	(*Vraiment pas,* ....)
Hôte:	Ah bon. Une liqueur, alors?
Invité:	(*Non plus,* ....)
Hôte:	Mais que prenez-vous?
Invité:	Moi? Du champagne, naturellement.

B   A votre tour

A potential customer has arrived to visit your company and is with you in your office. Using the guidelines below, suggest to him how you would like to plan the morning.

- begin with the workshops
- then look at the computing room
- then visit the sales department

- finally come back to your office for a discussion
- if customer wishes, see the accountant
- ask if this is acceptable

C Monsieur Moreau is arranging for a customer to visit the company. He telephones his secretary, Mademoiselle Daniel, to enquire about the necessary arrangements. Play the part of Monsieur Moreau.

M. Moreau:	*Say hello and ask if she has a minute.*
Secrétaire:	Oui, monsieur, bien sûr.
M. Moreau:	*Say a customer would like to visit the company. Ask if the seminar room is booked on 18th March.*
Secrétaire:	Non, elle n'est pas réservée.
M. Moreau:	*Say he is coming from a distance and that the meeting will last all day.*
Secrétaire:	Aucun problème.
M. Moreau:	*Ask her to telephone the Hotel Europa and book a room for one on the 17th and 18th. Say thank you and goodbye.*

D Below are a number of job titles. Match them with the job descriptions which follow, beginning each statement with *Il/Elle est . . .* or *Ils/Elles sont . . .* as appropriate.

secrétaire	responsable export
ouvriers	représentants
directeur des achats	chef du marketing
dactylo	employés
comptable	Président-directeur général

- Il organise les ventes à l'étranger
- Elle est responsable des comptes
- Ils visitent les clients
- Il a le poste le plus important
- Il achète les matières premières
- Elle organise les rendez-vous du directeur
- Ils travaillent dans les ateliers
- Elle s'occupe de la correspondance
- Il analyse les marchés potentiels
- Ils travaillent dans les bureaux

E Listen to the passage on the cassette and fill in the numbers in the gaps below.

La société Leblanc et fils est une entreprise spécialisée dans la production de moteurs électriques. C'est une des .... compagnies importantes dans cette activité. Dans les ateliers de production, il y a .... ouvriers, et dans les bureaux, ... employés. Sur les .... employés, ... travaillent dans le service des ventes, et .... dans le service financier. Sur les .... ouvriers dans les ateliers, ... sont des ouvrières. La compagnie exporte dans .... pays différents.

● ●

Faits et chiffres

Talking about business

● There are several words in French for 'a business' or 'a company'. The most common one is *une entreprise*: *une grosse entreprise*, *une entreprise de textile*, *une entreprise privée*, *l'entreprise est située près de Poitiers*.

● *Une société* can be used in the same way, especially when referring to a specific company: *les bureaux de la société sont à Paris*, *il est P.D.G. d'une grosse société*, *notre société a des clients en Italie*. This is why the word is especially used when introducing the name of a firm: *je suis X de la société Leroy*; *allô, société Leroy, bonjour*. In this particular case, the word *établissements* is sometimes used, e.g. *Établissements Leroy*.

● Other words you will come across are *une compagnie* (*une compagnie d'assurances/de navigation*) and *une firme* (*une firme française*).

● Note that *une maison* is sometimes used for a small or long-established business.

● Finally, 'business' in general is *les affaires*: *un homme/une femme d'affaires*, *un déjeuner/un voyage d'affaires*, *les affaires marchent bien*.

Names of companies

● Jamalex S.A. = *société anonyme* (equivalent to public limited company)

● Multilex S.A.R.L. = *société à responsabilité limitée* (equivalent to private limited company)

● Sté Barrault et Fils = *Société Barrault et Fils* (Barrault and Son[s])

● Leblanc et Cie = *Leblanc et Compagnie* (Leblanc and Co)

● Note that *les P.M.E.* is the abbreviation for *les petites et moyennes entreprises*. A small company is one employing between 5 and 50 people, and a medium-sized company is one employing between 51 and 500.

Le gouvernement français

● Le siège du gouvernement français est à Paris. Le parlement est composé de deux chambres: l'Assemblée nationale et le Sénat. Les élections pour l'Assemblée nationale ont lieu tous les cinq ans.

● Le président de la République est élu pour sept ans. Il nomme le premier ministre et les autres membres du gouvernement. La résidence officielle du président est le palais de l'Élysée, celle du premier ministre est l'hôtel Matignon.

● Il y a cinq principaux partis politiques.

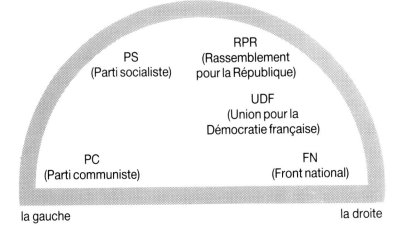

la gauche   la droite

Action checklist

Before moving on to Stage 4, make sure that you can:
- make a simple telephone call
- present a situation in simple terms
- outline a brief programme for the day

Notre expérience dans ce domaine

In Stage 4, you will learn
- to make a brief presentation of a company and its activities
- to engage in informal discussion about your or your company's requirements
- how to say 'must' and 'have to'
- how to say 'my', 'his', 'their' etc.
- some more numbers
- how to handle postcodes and dates

Préparation

Study the seminar programme below.

```
                SEMINAIRE DU 14 SEPTEMBRE 1991


                        PROGRAMME


        9.30   Discours d'accueil
               (M Philippe Moreau, Président-directeur général)


        9.45   Présentation de la société Fret-Europe S.A.
               (Mme Garnier, Responsable des relations extérieures)


       10.30   Pause


       11.00   Les nouveaux conteneurs BS 30
               (M Jacquemart, Chef de projet)


       12.30   Déjeuner


       14.00   Visite de l'usine
               (M Pierron, Directeur de la fabrication)


       15.30   Le plan d'investissement 1991-92
               (Mlle Lemaire, Directeur financier)


       16.00   Les nouveaux marchés export
               (M Gautier, Directeur des ventes)


       17.00   Forum


                        *  *  *  *
```

Answer the following questions:

1 Who will be giving the welcoming address?

2 What is Mme Garnier's position in Fret-Europe S.A.?

3 What is M. Jacquemart's particular concern at the seminar?

4 What will be happening at 2 pm?

5 What will the financial director be talking about?

6 Who will be talking about export markets?

7 How will the day end?

Dialogue 1 _____

Having returned from a tour of the hotel's facilities, Paul Maroger explains that the company hopes to reach a wider market and is seeking to create a very favourable impression on the buyers.

Expressions importantes

Je dois reconnaître que	*I have to admit that*
pour la première fois	*for the first time*
Vous voyez ce que je veux dire?	*Do you see what I mean?*

Écoutez le dialogue

Paul Maroger: Vos aménagements sont excellents – grandes salles, décor agréable, éclairage discret, bonne acoustique. . . Je dois reconnaître que cette visite me fait une impression vraiment favorable.

Jean Molvau:	Merci beaucoup. Maintenant, pouvez-vous préciser vos objectifs pour la présentation?
Paul Maroger:	Certainement. La présentation des nouveaux modèles est toujours très importante dans notre calendrier, et surtout cette année. En effet, pour la première fois, notre gamme de modèles est très diversifiée: elle est conçue pour une clientèle plus variée. Donc, pour lancer cette collection, nous voulons un programme particulièrement soigné. Vous voyez ce que je veux dire?
Jean Molvau:	Je vois tout à fait. Vous voulez élargir votre marché, et pour cela, vous voulez donner une nouvelle image à votre maison.
Paul Maroger:	Exactement. Pour cette présentation je veux un hôtel élégant, une très bonne cuisine et un service impeccable.
Jean Molvau:	Je suis sûr que l'hôtel Europa répond à vos besoins.

Conseils pratiques

en effet It is frequently used to introduce further information, e.g. explanation, details etc. and is the equivalent of 'indeed': *Nous voulons une grande salle. En effet, nous attendons 45 personnes*. It can also express agreement (see Dialogue 3).

donc insists on the logical progression and often introduces the conclusion ('therefore'). It can also be used to emphasize an invitation: *asseyez-vous donc* ('do sit down').

Activités

A   Renforcement

Fill in the appropriate form of the verb in brackets.

1 Il (*dire*) qu'il est en retard

2 Vous (*faire*) des télécopies?

3 Je (*voir*) que la présentation est à Manchester

4 Elle (*faire*) de l'informatique

5 Vous (*voir*) l'hôtel à droite?

6 Qu'est-ce que vous (*dire*)?

7 Je (*dire*) et je répète que la réunion est le 14

8 Ils (*voir*) le directeur demain matin

9 Nous (*faire*) une présentation demain

10 Ils (*dire*) que c'est impossible

11 Ils (*faire*) l'aller et retour en une journée

12 Nous (*voir*) beaucoup de clients

B   A votre tour

Using phrases from the dialogue above and the English prompts in brackets, fill in the gaps in the sentences below.

1 Notre programme est très varié, ... (*especially this year*)

2 .... vos aménagements sont excellents (*I must admit that*)

3 L'hôtel Europa répond à nos besoins: ...., le décor est agréable et les salles sont grandes (*indeed*)

4 .... votre programme? (*can you specify*)

5 Nous voulons élargir notre marché, ... nous avons une grande gamme de modèles (*therefore*)

6 .... c'est très important (*I am certain that*)

Dialogue 2

Jean Molvau presents his hotel and its facilities.

Expressions importantes

Si vous permettez	*With your permission*
Comme vous le savez probablement	*As you probably know*
non seulement . . . mais aussi	*not only . . . but also*
comme ça	*in that way, like that*

Écoutez le dialogue

Jean Molvau: Si vous permettez, je voudrais vous décrire notre établissement et nos services.

Comme vous le savez probablement, l'hôtel Europa existe depuis vingt ans. Nous sommes une entreprise familiale, et nos clients sont non seulement les touristes, mais aussi les hommes d'affaires. En fait, nous sommes spécialisés dans l'organisation des manifestations professionnelles: réunions, séminaires, etc. Nos salles peuvent être facilement adaptées à vos besoins et nous disposons d'équipements très modernes: rétroprojecteurs, magnétoscopes, appareil de projection grand écran, microphones etc.

De plus, nos restaurants offrent des menus très variés: nos clients peuvent commander un buffet froid très simple ou un banquet. Tout notre personnel possède une excellente formation et notre service est de très haute qualité.

Enfin, nos chambres sont simples, mais extrêmement confortables. Et j'attire votre attention sur notre service-affaires: nous mettons à la disposition de nos clients télex, photocopie, télécopie etc. Comme ça, les hommes d'affaires peuvent rester en contact avec leur bureau!

Donc, vous êtes d'accord, j'espère, que l'hôtel Europa constitue un environnement idéal pour les réunions d'affaires.

Conseils pratiques

depuis   *L'hôtel Europa existe depuis vingt ans* (the Hotel Europa has been in business for 20 years): in French the present tense of the verb is used with *depuis* to express action which started in the past and continues in the present.

en fait is used to introduce more specific information, or to restrict meaning, and is the equivalent of 'in fact'. Do not confuse it with *en effet*.

Activités _____

 A   Renforcement

Complete the dialogue by inserting the appropriate possessive adjective: *mon, ma, mes* etc.

Pierre: Bonjour, Patrick, comment allez-vous?

Patrick: Très bien. Et vous?

Pierre:	Oui, très bien, merci. Écoutez, ... (*my*) secrétaire me dit que .... (*her*) ordinateur ne marche pas. Que dois-je faire?
Patrick:	Eh bien, vous prévenez d'abord .... (*your*) chef de section, Jean Fauré.
Pierre:	C'est fait.
Patrick:	Et puis, vous téléphonez à .... (*your*) collègue, Jacqueline, pour lui expliquer .... (*your*) problèmes.
Pierre:	Oui, c'est vrai, elle connaît bien .... (*our*) ordinateurs, mais ce n'est pas la solution.
Patrick:	Pourquoi?
Pierre:	D'abord, parce que Fauré me dit que Jacqueline prend .... (*her*) vacances cette semaine et que .... (*her*) assistante ne connaît pas .... (*our*) type d'ordinateur.
Patrick:	Ah bon!
Pierre:	Et ensuite parce que Jacques et Charles, dans le service comptabilité, disent que .... (*their*) ordinateur ne marche pas non plus.
Patrick:	Ah bon...
Pierre:	Et Marie et Hélène, les opératrices, ont aussi des difficultés avec .... (*their*) machines.
Patrick:	Ah bon... Mais alors, c'est un virus!

B   A votre tour

Join the two halves of each sentence together.

Cela constitue un environnement idéal	sur la qualité de nos services
Nous offrons non seulement des équipements modernes	de salles très confortables
J'attire votre attention	dans les réunions d'affaires
Nous sommes spécialisés	pour vos séminaires
Vous disposez	aux besoins de votre compagnie
Nos salles peuvent être adaptées	mais aussi un excellent service d'affaires

Dialogue 3

The discussion moves on to some specific requirements, together with the timetable for the day.

Expressions importantes

tout d'abord	*first of all*
Je pense que oui	*I think so*
Comme vous le voyez	*As you can see*
Tenez!	*Here you are!*

 Écoutez le dialogue

Paul Maroger:	Je crois en effet que l'Europa correspond assez bien à nos besoins. Mais je voudrais quelques précisions. Tout d'abord, nous devons monter une exposition de modèles pour accompagner la présentation vidéo. Est-ce qu'il y a assez de place?
Jean Molvau:	Bien sûr. Il y a un petit salon derrière la salle Versailles, avec portes communicantes. Le salon peut être réservé pour l'exposition.
Paul Maroger:	Parfait.
Sophie Lambert:	Excusez-moi, moi aussi, j'ai une question à ce sujet. Est-ce que le petit salon est disponible le soir précédent? C'est pour organiser l'exposition à l'avance.
Jean Molvau:	Oh, je pense que oui . . . , mais je vais vérifier.
Paul Maroger:	Mademoiselle Lambert, voulez-vous expliquer l'horaire de la journée?
Sophie Lambert:	Certainement, monsieur. J'ai ici une version provisoire . . . tenez! Comme vous voyez, les invités arrivent à 9h30, et ils sont accueillis par le directeur des ventes et le chef de la publicité. La présentation des modèles est à 11 heures. Est-ce qu'on peut faire une pause-café vers 10h30?
Jean Molvau:	Bien entendu.
Sophie Lambert:	Nous comptons terminer la séance du matin à 12h15 environ. Ce n'est pas trop tôt pour l'apéritif?
Jean Molvau:	Pas du tout.
Sophie Lambert:	Et nous voulons recommencer l'après-midi à 14h30 précises, pas plus tard. C'est possible, n'est-ce pas?
Jean Molvau:	Aucun problème.

Paul Maroger: Eh bien alors, c'est parfait.

Jean Molvau: Maintenant, si vous permettez, je vais appeler le Chef pour parler des menus.

Conseils pratiques

on   This is roughly the equivalent of the English pronoun 'one', but is much more widely and frequently used, and has a more flexible range of possible meanings: *Est-ce qu'on peut faire une pause-café?* (Can we stop for coffee?).

voulez-vous. . .   This can be used to give an order politely and is the equivalent of the English phrase 'would you like to. . .'.

l'après-midi   This means both 'the afternoon' and 'in the afternoon'.

Activités

A   Renforcement

Fill in the appropriate form of the verb *devoir*.

1 Le directeur du marketing et sa secrétaire .... organiser le programme

2 Nous .... étudier la proposition aujourd'hui

3 La société Jamalex .... organiser une présentation

4 Est-ce que je .... envoyer une photocopie au P.D.G.?

5 Que ....-nous faire?

6 Vous .... remplir cette fiche

7 Je .... vérifier les détails avant vendredi

8 Les participants .... dîner à 20 heures

B   A votre tour

Respond to the following questions by using one of the phrases below.

aucun problème!   parfait!   tout à fait!   pas du tout!   bien entendu!

1 Nous voudrions commencer la réunion à 9 heures. Ce n'est pas trop tôt?

2 Nous attendons cinquante participants. Est-ce que la salle est assez grande?

3 Nous devons organiser une exposition. Est-ce que cela pose des problèmes?

4 Nous voudrions une pause-café à 11 heures. Cela vous convient?

5 Est-ce que vous êtes d'accord pour terminer à 10 heures?

Dialogue 4

The meeting closes as Jean Molvau and Paul Maroger agree on the steps that are to be taken next.

Expressions importantes

Si vous voulez bien nous excuser	*If you will excuse us*
Je l'espère aussi	*I hope so too*
Je vous raccompagne jusqu'à la sortie	*I'll see you out*

 Écoutez le dialogue

Paul Maroger: Eh bien, je crois que nous avons examiné l'essentiel. Maintenant, j'attends votre proposition.

Jean Molvau: Oui, j'ai tous les renseignements nécessaires. Je vais étudier nos conditions et je vous envoie notre offre la semaine prochaine, probablement mercredi.

Sophie Lambert:	Et vous confirmez le menu du déjeuner, n'est-ce pas?
Jean Molvau:	Certainement, mademoiselle.
Paul Maroger:	Et moi, je soumets votre proposition à notre Président-directeur général, Monsieur Alix, et je vous communique sa décision aussitôt que possible. Si vous voulez bien nous excuser, nous devons partir maintenant. Merci beaucoup de votre assistance, et à bientôt, j'espère.
Jean Molvau:	Je l'espère aussi! Je vous raccompagne jusqu'à la sortie.

Conseils pratiques

probablement mercredi (probably on Wednesday)   There is no word in French for 'on' with days of the week.

Activités _____

 A   Renforcement

Look at the diary extract below and then answer the questions. Your answer may be one of several types, e.g. *le 15 (février); le mardi 15 (février).*

JANVIER

mardi 26
réunion avec M Leblanc

mercredi 27
présentation de l'AX 20

jeudi 28
visite de M Neveu

vendredi 29
banquet de l'A.R.T.

FÉVRIER

lundi 1
rendez-vous avec Mlle Robert
mardi 2
séminaire à Orléans

1 Je voudrais quelques précisions, s'il vous plaît. Quel jour M. Neveu vient-il?

2 Quelle est la date de la présentation de l'AX 20?

3 Quel jour est votre rendez-vous avec Mlle Robert?

4 Quelle est la date du banquet de l'A.R.T.?

5 Quel jour est la réunion avec M. Leblanc?

6 Quelle est la date du séminaire?

B Renforcement

Listen to the dates on the cassette and write them down.

C A votre tour

Using *aller* plus the infinitive, describe what you are going to do next week. Say that:

1 on Monday you will visit the factory

2 on Tuesday you will see the representatives

3 on Wednesday you will have a business meeting

4 on Thursday you will organize the exhibition

5 on Friday you will go to Manchester

6 on Saturday you will send in your proposal

7 and on Sunday you will leave for a week in a hotel in Saint-Tropez!

D Listen to or read the four dialogues again, then mark the following statements *vrai* or *faux*.

	vrai	faux
1 La société Jamalex veut un programme très soigné	☐	☐
2 L'hôtel Europa existe depuis trente ans	☐	☐
3 Il ne dispose pas d'équipements très modernes	☐	☐
4 Les chambres sont simples, mais confortables	☐	☐
5 Il y a assez de place pour une exposition de modèles	☐	☐
6 Le salon derrière la salle Versailles est grand	☐	☐
7 Il n'est pas disponible le soir précédent	☐	☐
8 Les invités arrivent à 9h30	☐	☐
9 Ils sont accueillis par le directeur du marketing	☐	☐
10 La présentation des modèles est à 11 heures	☐	☐

	vrai	faux
11 Paul Maroger attend la proposition de l'hôtel	☐	☐
12 Jean Molvau n'a pas tous les renseignements nécessaires	☐	☐

E Situation: the managing director of Vachez Ltd is discussing with the organizer of a forthcoming show the company's requirements and the timetable for the day. Using the guidelines below, work out and practise the dialogue between them.

MD: *Say that the conference room fits in quite well with your needs, but you would like a few details. Ask if there is enough room to have a coffee break.*

Organizer: Bien sûr. Il y a une petite salle à droite.

MD: *Say that you would like to discuss the timetable for the day.*

Organizer: Certainement.

MD: *Say that the guests arrive at 10.00 and are welcomed by the marketing director.*

Organizer: Nous pouvons servir le café à 10h30. Cela vous convient?

MD: *Reply 'of course'.*

Organizer: Et le buffet est à 12h30.

MD: *Say that that is perfect because you want to start again in the afternoon at 2.00.*

Organizer: Aucun problème.

F Your company, Modequip, leases office equipment. Using Dialogue 2 and the guidelines below, make a presentation of your company's services to a potential customer.

- your company has been in business for 30 years
- family business
- caters for both big and small companies
- specializes in photocopiers
- can supply a wide range of models
- all your staff are highly trained
- offers a first class service

• •

Faits et chiffres

Les divisions administratives _____

- En 1982 l'Assemblée nationale a voté une loi pour la décentralisation et la régionalisation.
  Il y a maintenant 22 régions en France. Une région comprend au minimum deux départements. La réforme a beaucoup facilité les initiatives locales pour le développement économique, social, culturel et scientifique.

- Il y a 96 départements en France. Chaque département a un Conseil général. Deux départements seulement ont plus de 2 millions d'habitants: le Nord et Paris.

- La France possède aussi quatre départements d'outre-mer (DOM): la Martinique, la Guadeloupe, la Guyane et la Réunion.

- La plus petite unité administrative en France est la commune. Chaque commune a un Conseil municipal et un maire. Le maire a une influence considérable sur le développement de la commune.

RÉGIONS

Postal services

- For administrative purposes, such as car registration numbers and post codes, the *départements* are numbered from 01 to 95, more or less in alphabetical order, beginning with 01 Ain and ending with 95 Val-d'Oise. The major exceptions to alphabetical order are a group of seven *départements* which form the *région parisienne*. There is a complete list on page 141.

- Postcodes in France consist of five digits. The first two are the number of the appropriate *département* and the remaining three are the number of the local sorting office (*bureau distributeur*). When addressing a letter, the 5-figure postcode (*code postal*) should immediately precede, on the same line, the name of the sorting office, e.g.

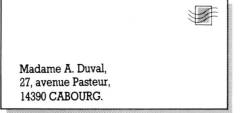

Madame A. Duval,
27, avenue Pasteur,
14390 CABOURG.

- Paris, Lyon and Marseille are divided administratively into several numbered *arrondissements* or districts. In Paris, for example, there are twenty. In these cities, the number of the *arrondissement* forms the last three digits of the postcode, e.g.

Monsieur P. Bessac,
30, rue Claude Matrat,
75015 PARIS.

- Organizations and businesses which receive large quantities of mail may belong to the *Cedex* system, which operates in large towns and cities, in order to speed up sorting and delivery.

Activités

- Read the names and numbers of these *départements* aloud:

07	Ardèche	23	Creuse
17	Charente-Maritime	41	Loir-et-Cher
33	Gironde	75	Paris

When saying postcodes you should split them into their two parts. For example, 17140 Lagord is said *dix-sept. cent quarante. Lagord*, and 07320 St Agrève is said *zéro sept. trois cent vingt. St Agrève*.

- Say the following postcodes aloud:

26400 Crest   17410 Saint Martin de Ré
41160 Morée   74270 Frangy

Action checklist

Before moving on to Stage 5, make sure that you can:

- make a brief presentation of a company and its activities
- discuss your requirements in simple terms with someone
- ask what the date is and say what date it is

5

Allô, j'écoute!

In Stage 5, you will learn:

- to discuss arrangements
- to give simple instructions
- to use some telephone phrases
- how to tell the time
- how to talk about the use of time
- how to say 'more', 'less', etc.

Préparation

Le Minitel

Minitel is the name of a range of computer terminals provided to telephone subscribers by France Télécom. These terminals are used in order to access the electronic telephone directory (*l'annuaire électronique*), as well as a range of commercial information services (*les services Télétel*). You will find more information towards the end of the chapter.

Here is an extract from a France Télécom information leaflet.

COMMENT APPELER UN SERVICE TÉLÉTEL

Votre Minitel branché sur votre ligne téléphonique vous permet l'accès à de multiples services Télétel.

Allumez le Minitel à l'aide de l'interrupteur marche-arrêt.

La lettre F s'affiche en haut à droite (sinon vérifiez le branchement électrique).

Décrochez le combiné téléphonique.

Composez sur le clavier du téléphone le numéro d'appel du service que vous souhaitez consulter.

Dès l'audition de la tonalité aiguë, appuyez sur la touche

La lettre C remplace la lettre F et la page d'accueil du service apparaît.

Raccrochez le téléphone

Suivez les instructions figurant sur l'écran, toutes les informations nécessaires à votre consultation ont été prévues.
Si la première page n'apparaît pas, renouvelez l'appel.

COMMENT CHANGER DE SERVICE

Si vous souhaitez obtenir un autre service Télétel **accessible par le même numéro d'appel :**

Appuyez une fois sur

Vous revenez à la page d'accueil Télétel. Tapez un nouveau code.

COMMENT INTERROMPRE LA CONSULTATION

Pour mettre fin à la consultation, appuyez **deux fois** sur la touche

Vous pouvez à nouveau utiliser votre téléphone.

N'oubliez pas d'éteindre le Minitel après chaque utilisation en appuyant sur l'interrupteur marche-arrêt.

Comment utiliser les touches du clavier

Touches de fonction
(marron clair et vert).

Touches d'écriture
(marron foncé).

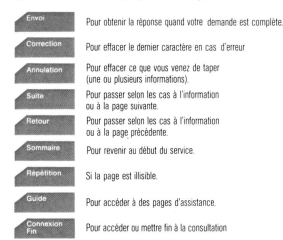

Touche espace

TOUCHES DE FONCTION :

L'utilisation des touches de fonction du Minitel vous est précisée par le service que vous consultez. **Voici l'usage le plus souvent adopté :**

Envoi	Pour obtenir la réponse quand votre demande est complète.
Correction	Pour effacer le dernier caractère en cas d'erreur
Annulation	Pour effacer ce que vous venez de taper (une ou plusieurs informations).
Suite	Pour passer selon les cas à l'information ou à la page suivante.
Retour	Pour passer selon les cas à l'information ou à la page précédente.
Sommaire	Pour revenir au début du service.
Répétition	Si la page est illisible.
Guide	Pour accéder à des pages d'assistance.
Connexion Fin	Pour accéder ou mettre fin à la consultation

TOUCHES D'ÉCRITURE

En plus des lettres majuscules, des chiffres et des signes de ponctuation figurant sur les touches, vous pouvez également écrire en minuscules et utiliser les signes (accents, ponctuation etc.) qui figurent sur le fond du clavier ; il suffit d'appuyer sur l'une ou l'autre des touches cerclées de jaune et de rouge.

 Simultanément avec une touche, permet d'écrire une lettre en minuscule ou d'obtenir le caractère inscrit en jaune au-dessus de la touche.

 Simultanément avec une touche, permet d'écrire le caractère inscrit en rouge au-dessus de la touche.

TOUCHES A USAGE PROFESSIONNEL

L'appui sur l'une des touches **Fnct** **Esc** **Ctrl** (seule), ainsi que l'appui sur les touches situées de part et d'autre de la touche Espace, n'ont aucun effet dans l'utilisation des services Teletel et de l'Annuaire Electronique. Ces touches sont réservées à un usage professionnel.

Answer the following questions:

1 How many function keys are there on the keyboard?

2 What must a Minitel be connected to?

3 What appears on the screen in order to show that the Minitel has been switched on?

4 What should you do after you pick up the receiver?

5 When should you press *Connexion Fin*?

6 What does the letter C on the screen indicate?

Dialogue 1

Jean Molvau hasn't much time in a busy schedule to organize all the details which will enable him to submit an offer to Jamalex. He asks Madame Bolin to undertake some of the work.

Expressions importantes

Tant mieux!	*Good!*
Je m'en occupe aujourd'hui	*I'll see to it today*
Je suis pris	*I'm busy*
Rendez-moi service	*Do something for me*
Il faut un magnétoscope	*We need a video recorder*

Écoutez le dialogue

Jean Molvau: Madame Bolin, je pense que nous avons un nouveau client! Le directeur des ventes de Jamalex et sa secrétaire viennent de partir, et M. Maroger semble très satisfait de sa visite.

Mme Bolin: Tant mieux! La marque Jamalex commence à être bien connue, et la société peut devenir un gros client, non seulement pour les réunions, mais aussi pour les repas d'affaires.

Jean Molvau: Je suis entièrement de votre avis. Le seul problème, c'est que je dois envoyer notre proposition définitive à M. Maroger aussitôt que possible. Bon, je m'en occupe aujourd'hui.

Mme Bolin: Mais monsieur, vous avez un après-midi très chargé. Il y a deux nouveaux rendez-vous, un pour 16h30 et un pour 17h15.

Jean Molvau: Et demain matin aussi, je suis pris, je crois?

Mme Bolin: Oui, vous êtes très occupé jusqu'à 11h30.

Jean Molvau: Alors, rendez-moi service, Madame Bolin. D'abord, notez vingt réservations possibles pour le 17 février au soir. Et puis, voulez-vous prévenir Roger pour les problèmes de garage? Et n'oubliez pas de contacter Jean-Marc pour les équipements audio-visuels: il faut un magnétoscope et deux rétroprojecteurs. Moi, je vais téléphoner au Chef.

Conseils pratiques

venir de + infinitive   The present tense of *venir de* plus an infinitive is the French way of expressing the very recent past: *le directeur des ventes et sa secrétaire viennent de partir* (the sales director and his secretary have just left).

commencer à   Some verbs take the preposition *à* before an infinitive: *la marque Jamalex commence à être bien connue* (the Jamalex label is beginning to be well known).

je m'en occupe   It is important not to confuse *je m'en occupe* (I'll see to it) with *je suis occupé* (I'm busy).

Activités

 A   Renforcement

Say what the time is, using both the 12 hour and the 24 hour clock.

 B   Renforcement

Listen to the following sentences on the cassette and write the missing words in the gaps:

1 Madame Bolin, ... nous avons un nouveau client

2 Monsieur Maroger .... de sa visite

3 La société .... un gros client

4 .... je dois envoyer notre proposition avant vendredi

5 Demain matin aussi, je suis pris, ...

6 Notez vingt réservations possibles .... au soir

7 Et puis, ... Roger pour les problèmes de garage?

8 Moi, ... aux cuisines

C   A votre tour

You are giving instructions to your secretary

- say you are very busy today and ask her to do you a favour
- would she first telephone the suppliers Lebrun & Co: please ask the price of overhead projectors
- then would she make an appointment with the manager of the Hôtel de France
- and finally she must not forget to send a fax to Pierre Duval in Paris

Dialogue 2 _____

Jean Molvau telephones the chef to discuss the final details of the lunch. Madame Bolin informs him that they have an equipment problem.

Expressions importantes

C'est au sujet de. . .	*It's about. . .*
Oui, c'est ça	*Yes, that's right*
Il y a autre chose	*There's something else*
Alors, nous disons donc. . .	*So, we're saying then. . .*

 Écoutez le dialogue

Jean Molvau: Allô, François? C'est au sujet du déjeuner pour Jamalex, le 18 février. Finalement, Monsieur Maroger préfère le déjeuner par petites tables – c'est plus élégant. Mais tout doit être terminé à 13h45. C'est possible pour un menu à cinq plats?

Bon, tant mieux. Mais il y a autre chose. Comme dessert, vous avez suggéré un gâteau de riz à l'impératrice. En fait, il faut quelque chose de moins lourd. Vous avez une idée?

Une crème aux trois fruits? Ah oui, très bien. C'est plus léger que le gâteau de riz, mais c'est aussi fin. Alors, nous disons truite fumée, boeuf Strogonoff et crème, pour trente-cinq personnes. Je compte 120 francs par personne, n'est-ce pas? . . . D'accord.

Merci, François, salut!

Mme Bolin: Monsieur Molvau, je viens de parler à Jean-Marc. Le projecteur grand écran est probablement déjà réservé le 18. Jean-Marc conseille de téléphoner à Sonovox pour une location.

Jean Molvau: Merci, c'est une bonne idée. Je m'en occupe.

Conseils pratiques

quelque chose Although *chose* (thing) is feminine in French, *quelque chose* (something) is treated as masculine. If it is qualified by an adjective, *quelque chose* is followed by *de* and then the adjective: *quelque chose de lourd* (something heavy), *quelque chose d'important* (something important).

il faut This is often followed by a noun, in which case it is roughly the equivalent of the English 'what is needed is. . .': *il faut quelque chose de moins lourd* (What is needed is something lighter *or* we need something lighter).

Activités

A   Renforcement

How would you say the following in French?

1 The decor is more pleasant, but the conference room is less modern

2 The documents for the exhibition are more urgent

3 Our range of designs is more varied

4 We want to start the programme earlier

5 The Hotel Fleury is not so far from the motorway

6 We'll discuss the details later

7 The Versailles room is bigger than the Trianon room

8 The programme is less interesting than last year

B   A votre tour

You are arranging lunch for a small group of important customers and you telephone a local hotel to discuss the arrangements. Using the guidelines below, complete your part of the conversation with the *directeur-adjoint*.

Directeur-Adjoint:	Allô, bonjour. Je peux vous aider?
You:	*Say good morning. Say who you are and the name of your company. Explain that you want to organize a lunch for five on the 23rd July.*
Directeur-Adjoint:	Oui, monsieur. Aucun problème.
You:	*Say that it's a business lunch and ask if the hotel has a private dining room.*
Directeur-Adjoint:	Certainement, monsieur. Attendez un moment, je vérifie. . . Non, elle n'est pas réservée le 23.
You:	*Say that it's an important meeting and that you would like a first class meal. Ask if the hotel can suggest a menu.*
Directeur-Adjoint:	Bien sûr, monsieur. Je vais demander à notre chef de proposer deux ou trois menus, et comme ça vous pouvez choisir.
You:	*Say thank you. Say that there's something else: you would like to arrive at the hotel at 12.15, have an aperitif in the bar and then start lunch at 12.45 pm.*
Directeur-Adjoint:	C'est parfait, monsieur. Je vous envoie les menus avant la fin de la semaine.
You:	*Say thank you very much and goodbye.*
Directeur-Adjoint:	Au revoir, monsieur. Merci.

Dialogue 3

Jean Molvau telephones to enquire about hiring a second large screen video projector.

Expressions importantes

C'est sa secrétaire à l'appareil	*It's his secretary speaking*
C'est de la part de qui?	*Who (shall I say) is speaking?*
Ne quittez pas	*Hold the line*
Je compte sur vous pour. . .	*I'm relying on you to. . .*

📼 Écoutez le dialogue

Secrétaire: Allô. Sonovox, bonjour.

Jean Molvau: Bonjour, mademoiselle, je voudrais parler à Monsieur Chevalier, s'il vous plaît.

Secrétaire: Je suis désolée, monsieur, Monsieur Chevalier est en déplacement aujourd'hui. C'est sa secrétaire à l'appareil. C'est de la part de qui, s'il vous plaît?

Jean Molvau: Jean Molvau, de l'hôtel Europa.

Secrétaire: Est-ce que je peux vous aider?

Jean Molvau: J'ai besoin d'un renseignement: est-ce que vous louez des projecteurs grand écran?

Secrétaire: Certainement, monsieur.

Jean Molvau: Nous avons deux réceptions importantes le 18 février, et j'ai peut-être besoin d'un deuxième projecteur, pour une journée seulement. Est-ce que vous faites des locations à la journée?

Secrétaire:	Mais bien sûr.
Jean Molvau:	C'est quel prix pour un VX402?
Secrétaire:	Un instant, je vérifie. . . 1 000 francs par jour, monsieur.
Jean Molvau:	Et est-ce que vous livrez?
Secrétaire:	Oui, à partir de sept heures du matin.
Jean Molvau:	Très bien. Vous avez un appareil disponible pour le 18 février?
Secrétaire:	Ne quittez pas . . . . Oui, pour le moment, c'est tout à fait possible.
Jean Molvau:	Bon, alors, si j'ai finalement besoin d'un deuxième appareil, je vous téléphone la semaine prochaine pour confirmer. Je compte sur vous pour me réserver l'appareil jusqu'à mon appel. Merci beaucoup. Au revoir.
Secrétaire:	Au revoir, monsieur.

Activités

A Renforcement

The dialogue below has been jumbled up. Work out the correct order of the replies, numbering them in the boxes provided.

☐ Oui, peut-être. C'est au sujet de l'exposition de novembre à Bordeaux.

☐ Ah oui, deux places.

☐ Je suis désolée, Monsieur Leclerc est absent en ce moment.

☐ Monsieur Cousin, de la société InterExpo.

☐ A droite, sur la deuxième page?

☐ Bonjour, mademoiselle, je voudrais parler au directeur des ventes, Monsieur Leclerc, s'il vous plaît.

☐ Oui, malheureusement le nombre de participants n'est pas clair. Est-ce que vous pouvez vérifier votre copie de la réservation, s'il vous plaît?

☐ Je vous en prie, monsieur. Au revoir.

☐ Ah bon.

☐ Très bien. Une autre chose: combien de places de parking voulez-vous?

☐ C'est de la part de qui, s'il vous plaît?

☐ Un instant, ne quittez pas. Ah voilà. . . C'est quatre personnes.

☐ Merci beaucoup, mademoiselle.

☐ C'est la secrétaire de Monsieur Leclerc à l'appareil. Est-ce que je peux vous aider?

☐ Attendez. . . Je vérifie. . . Non, je ne vois pas. . .

☐ Il y a un problème?

B   A votre tour

Here are some scribbled notes on a page from a memo pad.

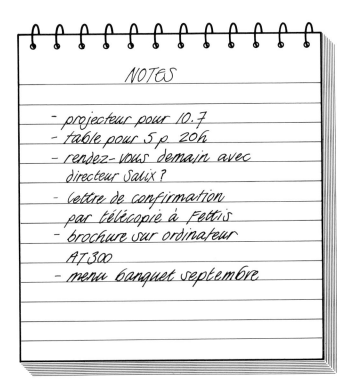

NOTES

- projecteur pour 10.7
- table pour 5 p. 20h
- rendez-vous demain avec
  directeur Salix ?
- lettre de confirmation
  par télécopie à Fettis
- brochure sur ordinateur
  AT 300
- menu banquet septembre

Using the phrases below as and where appropriate, write out each note in a complete sentence.

- Est-ce que je pourrais avoir. . .
- Je voudrais réserver. . .
- Est-ce qu'il est possible d'envoyer. . .
- Voulez-vous vérifier. . .
- J'ai besoin de louer. . .
- Il faut fixer. . .

Dialogue 4

Madame Bolin and Jean Molvau discuss his diary for the following day in detail.

Expressions importantes

à la première heure	*first thing*
Qui donc?	*Who's that?*
Quelle matinée!	*What a morning!*
J'ai quelque chose de prévu	*I have something planned*

 Écoutez le dialogue

Jean Molvau:	Bon, je vais rentrer maintenant. Demain matin, vous pouvez taper et expédier la proposition à Jamalex, s'il vous plaît?
Mme Bolin:	Bien sûr, à la première heure!
Jean Molvau:	Merci. Maintenant, pour demain, quel est mon programme?
Mme Bolin:	Un instant, je prends votre agenda. . . voilà. Vous êtes très occupé. A 9h15, vous avez la visite du styliste de Multi-typo. C'est pour le nouveau format des brochures. A 9h45, vous avez un nouveau rendez-vous avec Mademoiselle Delvaux: c'est pour mettre au point les détails du dîner annuel de l'A.R.T. C'est pressé. Je suis donc obligée de changer l'heure du rendez-vous de Monsieur Lacroix.
Jean Molvau:	Qui donc?
Mme Bolin:	Si, vous savez, c'est le représentant de la maison Guierre. Je reporte le rendez-vous à 12h30 et je préviens Lacroix?
Jean Molvau:	D'accord.
Mme Bolin:	Et n'oubliez pas que vous devez voir le directeur. Il veut le planning pour le trimestre prochain. Et aussi votre rapport sur le congrès des métallurgistes, la semaine dernière. La réunion est à 11 heures.
Jean Molvau:	Pas de problème, c'est prêt. Quelle matinée! Est-ce que j'ai quelque chose de prévu l'après-midi?
Mme Bolin:	En principe, vous allez à l'exposition d'équipement hôtelier à Neuville.
Jean Molvau:	Ah ça, c'est absolument indispensable. Mais ça semble vraiment difficile demain.

Mme Bolin: L'exposition est ouverte jusqu'au 3, vous savez.

Jean Molvau: Ah bon. Dans ce cas, je préfère rester au bureau demain après-midi. J'ai beaucoup de dossiers à terminer.

Conseils pratiques

si   The normal French word for 'yes' is *oui*, but in certain circumstances the form *si* is used instead, either to be more emphatic, as in the example in the dialogue, or in order to contradict a negative statement or question: *Vous n'aimez pas le saumon fumé. Si!* (You don't like smoked salmon. Yes, I do!).

ça   This is the short form of *cela* ('that', 'it') and is much used in spoken French, except in front of the verb *être* when you use the form *c'est* instead.

Activités

A   Renforcement

Use the information at the top of page 65 in order to fill in Jean Molvau's diary for the coming week.

NOVEMBRE 1991	1991 NOVEMBRE
lundi 4	vendredi 8
mardi 5	samedi 9
mercredi 6	dimanche 10
jeudi 7	notes

Monday	9.00	staff meeting
	11.30	meeting with M. Leblanc
Tuesday	10.00	phone Madrid regarding brochure
	2.30	visit hotel equipment exhibition
Wednesday	10.30	meeting with marketing director of Courcier Ltd
	3.00	visit to workshops at Dompierre
Thursday	9.30–5.30	metalworkers' conference
Friday	12.15	lunch with Jacques David from Sofrex Ltd
	3.15	discuss staff problems with Roger
Saturday	7.30	A.N.V. annual dinner

B   A votre tour

You are describing your schedule for the following day to a colleague. Say that

- you have a very heavy day tomorrow
- the MD wants the October report first thing
- at 10.30 you have an important appointment with the head of marketing
- at 11.30 you have something planned at the factory, but you will have to postpone the visit because Mr Clarke of Agrilact Ltd is coming at 12.15
- in the afternoon you have to finalize the new brochure, it's urgent
- and at 5.00, in theory, you are due to see the reps from Marseille
- so you'll be going home very late

C   Work out and practise in French the following telephone call between Mr Barlow from Hooker Ltd, the receptionist of the société Lumer and M. Chalaix's secretary.

Receptionist:	Hello, can I help you?
Mr Barlow:	*Ask to speak to the Purchasing Manager*
Receptionist:	Sorry, Mr Chalaix is not here today.
Mr Barlow:	*Ask to speak to his secretary*
Receptionist:	Certainly. Who's speaking?
Mr Barlow:	*Introduce yourself*
Receptionist:	Hold the line, I'm putting you through.
Secretary:	Mr Chalaix's secretary speaking.

Mr Barlow:	*Introduce yourself again, say that you specialize in drinks machines, that you are going to spend three days in Paris next week, and that you'd like an appointment with Mr Chalaix*
Secretary:	One moment, I'm getting his diary; which days exactly are you coming?
Mr Barlow:	*Say Wednesday 15 to Friday 17*
Secretary:	How about Wednesday at 15.00?
Mr Barlow:	*Say sorry, but that's difficult – you have to see a customer at 14.00*
Secretary:	Thursday at 10.00 then?
Mr Barlow:	*Apologize: its impossible, as you're very busy on Thursday morning*
Secretary:	Is Thursday at 17.00 OK?
Mr Barlow:	*Say excellent! Read the details back*
Secretary:	Could you spell your name and the name of your firm?
Mr Barlow:	*Say of course! Do so*
Secretary:	And what's your phone number?
Mr Barlow:	*Say 202 52 66 19*
Secretary:	Thank you
Mr Barlow:	*Ring off*

D On the right is a leaflet from France Télécom advertising its various services. Read through it in order to get the gist.

1 Look at the main headings – how many of the sections can you identify?

2 Now see if you can work out at least one type of service for each of the first six sections.

• •

Faits et chiffres

Les Télécommunications _____

• Longtemps, la France a eu beaucoup de retard dans le domaine des télécommunications. Aujourd'hui, elle possède un des systèmes les plus modernes au monde, et continue à investir dans des programmes d'équipement et de recherche pour rester à la pointe du progrès.

• Le nombre de lignes téléphoniques en France est maintenant de l'ordre de 30 millions et, en général, la période d'attente pour un nouveau téléphone n'excède pas quinze jours. Depuis le milieu des années 70, le nombre de publiphones a pratiquement doublé, et ces cabines sont de plus en plus souvent équipées pour les télécartes.

LE MINITEL : une mine de renseignements accessibles de chez vous.

Votre MINITEL ne demande qu'à vous renseigner.
Interlocuteur de choix, rapide, précis, disponible 24 h sur 24 h, il vous offre l'accès à des milliers de services publics et privés et à des millions de renseignements dans le but de simplifier votre vie quotidienne et celle de votre famille.
Parmi ces services notons :

BANQUE

La plupart des banques ont un service Minitel permettant à leurs clients de gérer leur compte, d'effectuer des virements, de surveiller leur portefeuille boursier...

LOGEMENT

Qu'il s'agisse d'acheter, de vendre ou de louer, à un particulier ou à une agence, l'accès au marché immobilier est facile grâce au Minitel.

SANTE

Des conseils avisés et des renseignements précis qui vous indiqueront la bonne conduite à suivre... sans remplacer le médecin, bien entendu.

VOITURE

Le Minitel renseigne sur le choix d'itinéraires et permet de dénicher la voiture de ses rêves : bancs d'essai, coût du neuf et de l'occasion, conditions de crédit.

SPORT

Le Minitel indique les clubs où se pratiquent les sports. Toutes les disciplines sont représentées : football, tennis, planche à voile, golf, deltaplane...
Il est également possible de compléter un équipement en choisissant sur le Minitel les articles à commander.

SORTIES

Une soirée à l'extérieur à organiser : le Minitel connaît tous les cinémas, restaurants, expositions... Une soirée à la maison se présente : il fournit également la liste des meilleurs livres et cassettes vidéo du moment.

JUSTICE

3613 code JUSTEX, le Ministère de la justice répond avec précision à toutes les questions que vous vous posez sur le fonctionnement de cette grande maison.

SECURITE SOCIALE

Tapez le 3615 code SECSOC pour tout savoir sur les affiliations, immatriculations, remboursements...

IMPOTS

Aujourd'hui avec le 3614, le code IR SERVICE, la Direction Générale des Impôts se met en quatre pour le calcul de vos impôts.

EDUCATION NATIONALE

Vos enfants sont en âge scolaire ? pour tous renseignements les concernant dans leur vie à l'école : 3614 EDUTEL, le code de l'Education Nationale.

SVP... Ne coupez pas !

VU DANS LA PRESSE :

OUVERTURE DE LA CHASSE
Un triste carton pour les Telecom

Au palmarès, il y a 35 foyers isolés à Chalais, 32 à Vouneuil-sur-Vienne, 23 à Bournand, 12 aux Trois-Moutiers, 7 à Ceaux-en-Couhé et puis jeudi, 50 dérangements en plus à Vouneuil-sur-Vienne.

Comme chaque année à pareille époque, quelques coups de fusil mal (ou trop bien) ajustés ont été responsables de dégradations sur des câbles téléphoniques privant ainsi de téléphone plusieurs centaines d'abonnés.
Chasseurs, vous qui êtes aussi abonnés au téléphone, ne coupez pas la ligne...

0,37F/mn

GUIDE DES SERVICES MINITEL

L'ANNUAIRE DES SERVICES MINITEL

Pour trouver le service dont vous avez besoin 24 h sur 24 h, il suffit de taper le code MGS à partir du **3614 ou du 3615** et de formuler librement votre demande.

Edité par FRANCE TELECOM. Direction Régionale de POITOU-CHARENTES
30, rue Salvador Allende - B.P. 769 - 86030 POITIERS Cedex - AUBIN IMPRIMEUR, Ligugé, Poitiers

- L'ère de la télématique a profondément transformé beaucoup d'aspects de la vie française. Minitel a été lancé en 1985: c'est un petit terminal d'ordinateur relié à des banques de données par le réseau téléphonique. Il est fourni gratuitement et il donne accès à l'annuaire électronique. Il y a maintenant environ 5 millions de Minitel en France. La raison de ce succès? On peut avoir accès à beaucoup d'autres services (payants), comme par exemple la vente par correspondance, les renseignements sur les horaires de train ou d'avion, les réservations, les informations culturelles locales et beaucoup d'autres.

Telephoning

- A few years ago, the whole of the French telephone numbering system was streamlined, and France was converted to an eight-digit numbering system. In practical terms, this means that the area code is included in the telephone number. The only extra information which you need to remember is the difference between Paris and the provinces.

  So when phoning. . .

  - a Paris number from the UK, dial 010–33–1 + the eight-digit number
  - a number in the French provinces from the UK, dial 010–33 + the eight-digit number
  - Paris from the French provinces, dial 16–1 + the eight-digit number
  - the French provinces from Paris, dial 16 + the eight-digit number
  - the UK from France, dial 19–44 + the area code (minus the first 0) + the number

- If a French telephone number is on the 'red list' (la liste rouge), it is ex-directory. More importantly, any telephone number given as a 'green number' (un numéro vert) is a Freefone number.

- If you need to ask the operator (la standardiste) for some special types of call, these are the most common ones:

Je voudrais les renseignements, s'il vous plaît
Directory Enquiries, please

un appel avec préavis
a person-to-person call

Je voudrais Londres en PCV*
I'd like to make a reverse charge call to London

une communication pour l'étranger
an international call

* The PCV system is only available for international calls.

Remember that French time is one hour ahead of the UK, except from the last Sunday in September to the last Sunday in October when there is no difference.

Action checklist

Before moving on to Stage 6, make sure that you can:

- discuss arrangements for a future event
- draw up a brief schedule of appointments
- make a more detailed telephone call

6

Vous avez l'ordre du jour?

In Stage 6, you will:

- become familiar with phrases used in meetings
- discuss the pros and cons of something
- establish a CV
- learn how to talk about things which have happened
- learn how to ask 'where?', 'when?' and 'why?'
- learn how to say 'the most', 'the least'

Préparation

Study this agenda for a meeting and then answer the questions which follow.

FRANCE CONFORT

Réunion du 18 mars 1991

Ordre du jour

1. Compte-rendu de la réunion du 16 février 1991.
2. Possibilité d'implantation à Barcelone.
3. Résultats de l'étude de marché effectuée par la société de conseil Gérard et Cie.
4. Prévision de ventes pour le 3ème trimestre 1991 (voir tableau en annexe).
5. Création de 3 postes pour stagiaires réservés à des étudiants de gestion originaires de la CEE (voir ci-joint proposition de Mme Maillot).
6. Rapport du délégué syndical: problèmes d'heures d'ouverture de la cantine.
7. Autres.

INSTALLATION CUISINES ET SANITAIRES
26 rue des Gouverneurs, 17410 Saint-Martin.
Tél: 46 09 37 12.   Télécopie: 46 09 39 15

1 What is the first item on the agenda?

2 What is the company's interest in Barcelona?

3 What sort of company is Gérard et Cie?

4 What does the graph refer to?

5 What is Mme Maillot's proposal about?

6 Which matter does the union want to raise?

Dialogue 1

It is Monday morning at Hotel Europa, and the weekly meeting between the manager, the deputy manager and the head receptionist is about to start.

Guy Leblanc, the manager, and Jean Molvau have arrived for the meeting and are awaiting the arrival of Madame Bolin. While waiting, they briefly discuss their weekend and a report which M. Molvau has written for the manager.

Expressions importantes

plutôt bon	*quite good*
dites donc	*by the way, I say*
dites-moi	*tell me*

🔲 Écoutez le dialogue

Guy Leblanc:	Bonjour, Jean. Dites donc, vous êtes en avance pour la réunion, il n'est pas encore 9 heures.
Jean Molvau:	Oh presque! Vous avez passé un bon weekend?
Guy Leblanc:	Oui, trop court, mais excellent, merci. Samedi soir, ma femme et moi avons vu un très bon film au cinéma, et dimanche, nous avons

déjeuné en famille, avec mes parents et ma soeur. Et vous, votre weekend a été bon?

Jean Molvau: Oui, plutôt bon, merci. Dites donc, il est 9 heures. Madame Bolin est en retard, c'est bizarre!

Guy Leblanc: Il y a beaucoup de circulation ce matin. Elle a peut-être des problèmes d'embouteillages.

Jean Molvau: Dites-moi, vous avez reçu mon rapport sur le congrès des métallurgistes?

Guy Leblanc: Oui, il est très intéressant. Nous allons discuter les conclusions ce matin, c'est à l'ordre du jour. Ah, voici Madame Bolin.

Mme Bolin: Bonjour, monsieur. Excusez-moi d'être en retard, j'ai eu des problèmes de voiture.

Guy Leblanc: Bonjour, Madame Bolin. Bon, puisque nous sommes tous là, nous pouvons commencer.

Activités

 A   Renforcement

Put the following sentences into the perfect tense.

1 Il explique les problèmes du personnel

2 Je déjeune en famille dimanche

3 Vous présentez les prévisions de ventes?

4 Elle commence la préparation du rapport

5 Ils réservent deux salles de séminaire

6 La société Gérard et Cie effectue une étude de marché

7 Je cherche un rétroprojecteur pour le 18

8 Nous discutons votre proposition avec le directeur

B   Renforcement

Each of the columns below contains the words of a sentence in French. Rearrange the words in each column in order to reproduce the sentences correctly.

en	ne	samedi	ont	quand
réunion	intéressants	beaucoup	voiture	commencer
pour	rapports	y	des	vous
ils	sont	de	elles	pouvons
retard	vos	il	peut-être	réunion
la	très	circulation	de	nous
sont	pas	a	problèmes	voulez
		soir		la
		le		

C   A votre tour

Answer the questions using one of the phrases below. (In many cases there is more than one possibility.)

presque	plutôt
non, pas très	non, quelques . . .
pas vraiment	seulement
pas encore	assez

1 Alors, la réunion d'hier s'est bien passée?

2 Et le discours du P.D.G., il était bon?

3 Je suis sûr que la présentation du nouveau projet était vraiment intéressante!

4 Il y a eu beaucoup de questions?

5 Et vous, vous avez terminé votre rapport?

6 Et vous avez reçu une réponse de Paris?

7 Alors, ça ne va pas très bien aujourd'hui?

Dialogue 2

The first item on the agenda for the meeting is the purchase of the new computer equipment and the associated software.

Expressions importantes

Où en sommes-nous?	*How far have we got?*
Et pour le logiciel?	*What about the program?*
Ça va nous changer la vie	*That's going to change our lives*

Écoutez le dialogue

Guy Leblanc: Le plus important, c'est l'achat des nouveaux ordinateurs. Où en sommes-nous, Jean?

Jean Molvau: Eh bien, comme vous le savez, nous avons eu plusieurs devis avec des prix à peu près identiques. Finalement, j'ai accepté l'offre d'Infotech. C'est une entreprise locale, et nous avons déjà travaillé ensemble. Nous avons donc acheté un ordinateur avec 640 Ko de mémoire, un deuxième terminal et une imprimante à laser.

Guy Leblanc: Et pour le logiciel?

Jean Molvau: Il y en a deux: un traitement de texte, bien sûr, mais surtout le nouveau programme de réservation – il est très sophistiqué.

Guy Leblanc: Je crois qu'Infotech a offert des conditions intéressantes.

Jean Molvau:	Très! L'équipement est garanti un an, bien sûr, et le contrat de maintenance est très avantageux. Et nous avons plusieurs cours de formation pour apprendre les programmes.
Mme Bolin:	Tant mieux! Ça va nous changer la vie! Quand est-ce qu'Infotech va livrer les machines?
Jean Molvau:	La semaine prochaine, probablement mardi.
Mme Bolin:	Et où est-ce qu'on va installer l'ordinateur avec l'imprimante?
Jean Molvau:	Mais dans votre bureau, naturellement, derrière la réception!

Conseils pratiques

intéressant   This means 'interesting', but also sometimes has the sense of 'financially advantageous' as here.

Activités

A   Renforcement

Fill in the appropriate form of the perfect tense of the verb in brackets.

1 Il (*être*) obligé de changer le rendez-vous

2 Nous (*avoir*) trois réponses

3 Où est-ce que vous (*mettre*) les papiers?

4 Elle (*pouvoir*) finir son travail avant 6 heures

5 Tous les invités (*prendre*) du café

6 Je (*dire*) au P.D.G. qu'il doit louer une machine

7 Nous (*devoir*) partir très tôt

8 Est-ce que vous (*voir*) les nouveaux modèles?

9 La société Ganymède (*offrir*) des conditions très avantageuses

10 Le directeur des ventes (*voir*) le rapport de M. Molvau

11 Elle (*vouloir*) voir les bureaux tout de suite

12 Tous nos clients (*recevoir*) notre catalogue

B   A votre tour

Your company has received a number of quotations for the supply of hot drinks dispensing machines (*distributeurs de boissons chaudes*). Having selected the one which seems to offer the best value, you present your findings to the managing director.

P.D.G.:   Pourquoi avez-vous sélectionné l'offre de la société Ganymède?

You: *Say that it is a local company, and furthermore it has been in business for 25 years*

P.D.G.:   Qu'est-ce que Ganymède nous propose comme machine?

You: *Say that their drinks dispenser, model AF300, offers a range of six hot drinks*

P.D.G.:   Est-ce qu'ils nous offrent des conditions intéressantes?

You: *Say yes. Say that the company delivers and installs the machines. And they offer a very good maintenance contract*

P.D.G.:   Où est-ce que vous comptez installer ces distributeurs?

You: *Say that you intend to install the machines in the workshops and also in the offices*

P.D.G.:   Ça va nous changer la vie! Quand est-ce que la société peut livrer?

You: *Say next week, probably on Thursday but perhaps on Friday*

P.D.G.:   Merci beaucoup. Ça va être bien agréable!

Dialogue 3 _____

The next item on the agenda concerns a job vacancy at the hotel. The most promising applicants are discussed and a date fixed for interviews.

Expressions importantes

Est-ce qu'il y a du nouveau?	*Has anything happened?*
il y a quinze jours	*a fortnight ago*
Qu'est-ce qu'il a comme formation?	*What sort of training has he had?*

 Écoutez le dialogue

Guy Leblanc:	Passons maintenant à la troisième question: le poste à pourvoir. Est-ce qu'il y a du nouveau?
Jean Molvau:	Oui, l'annonce a paru dans les journaux il y a quinze jours et nous avons eu beaucoup de réponses.
Guy Leblanc:	Est-ce que vous avez eu le temps de lire les CV?
Jean Molvau:	Oui, j'ai fait le tri et j'ai retenu trois candidats intéressants.
Guy Leblanc:	Voulez-vous nous mettre au courant?
Jean Molvau:	Il y a deux candidats avec beaucoup d'expérience de gestion, mais le troisième a aussi passé deux ans à l'étranger.
Guy Leblanc:	Où est-ce qu'il a travaillé?
Jean Molvau:	Un an et demi dans le sud de l'Angleterre. Et aussi six mois en Italie après ses études.
Guy Leblanc:	Il semble intéressant. Qu'est-ce qu'il a comme formation?
Jean Molvau:	Trois ans d'école d'hôtellerie avec trois mois de stage. Et six ans d'expérience professionnelle.
Guy Leblanc:	Où est-il actuellement?
Jean Molvau:	A Paris, mais il explique qu'il préfère revenir en province.
Guy Leblanc:	Je crois que nous devons convoquer les trois candidats. Madame Bolin, pouvez-vous suggérer une date pour les entrevues?
Mme Bolin:	Le mardi 14 semble calme.
Guy Leblanc:	Eh bien, le 14. Voulez-vous convoquer les candidats pour une entrevue ce jour-là?

Conseils pratiques

Il y a quinze jours   The past tense + *il y a* + an indication of time refers to a moment in the past: *j'ai acheté la machine il y a un mois* (I bought the machine a month ago).

The past tense + *pendant* + an indication of time refers to a period in the past: *il a exporté en Italie pendant deux ans* (he exported to Italy for two years).

The present tense + *depuis* + an indication of time shows that the action started in the past and is still going on: *il est directeur depuis deux ans/1988* (he has been manager for two years/ since 1988).

Activités

A   Renforcement

How would you say in French:

1 They are coming to the meeting

2 The deputy manager reads all the documents

3 We are writing our report

4 They are leaving for Amsterdam

5 I think we are late

6 Do you read the letters?

7 They are writing a brochure for next year

8 I am leaving tomorrow morning at 8 o'clock

9 They think that the meeting is finished

10 He is reading the CVs this afternoon

 ### B   Renforcement

Fill in the appropriate form (*au*, *à la*, *à l'* or *aux*) in the gap provided.

1 Nous allons .... salle à manger

2 Je dois parler .... invités

3 J'ai envoyé les documents .... P.D.G.

4 Vous allez .... exposition demain?

5 Il va répondre .... suggestions

6 La situation est très favorable .... société

7 On invite le chef du personnel .... réunion du 16 mars

8 J'ai donné les papiers nécessaires .... participants

9 Est-ce que vous voulez parler .... directeur export?

10 Il a offert toute son expérience professionnelle ....
entreprise

 C   A votre tour

Here are the answers – see if you can work out what the
questions might have been.

1 Mon bureau est près de la gare

2 Je pars demain matin

3 Je veux changer d'emploi parce que je préfère travailler en
province

4 J'ai rendez-vous à 15 heures

5 Nous allons mettre l'ordinateur dans le bureau

6 Vous pouvez demander les catalogues à la réception

7 J'ai choisi ce modèle parce qu'il n'est pas cher

8 Je peux commencer à travailler le 22

Dialogue 4

At the end of the meeting Jean Molvau suggests a further
purchase. Guy Leblanc, initially reluctant, eventually gives in
when Madame Bolin adds her voice to the argument.

Expressions importantes

Y a-t-il autre chose?	*Is there something else?*
tous les deux	*both*
comme ça	*as it is*
si vous voulez bien	*if you like*

 Écoutez le dialogue

Guy Leblanc: Est-ce que nous avons terminé? Ou bien y a-t-il autre chose à
l'ordre du jour?

Jean Molvau: Oui, j'ai une suggestion. C'est pour le mobilier des bureaux. Je
crois que nous devons acheter des tables spécialement conçues
pour les nouveaux ordinateurs.

Guy Leblanc: Ah non, Jean, ce n'est pas possible! Les ordinateurs d'Infotech
sont déjà très chers. Ils représentent un gros investissement.

Mme Bolin:	Moi, je suis entièrement d'accord avec Monsieur Molvau. Les bureaux actuels sont trop hauts. Ils ne sont pas assez confortables.
Guy Leblanc:	Personnellement, je trouve que nous dépensons assez d'argent comme ça!
Jean Molvau:	On voit que vous ne travaillez pas beaucoup au clavier! Je crois vraiment que nous devons acheter un équipement fonctionnel. C'est important pour le personnel!
Guy Leblanc:	Bon, bon, puisque vous êtes tous les deux d'accord!
Jean Molvau:	Je suggère un compromis. Le mobilier d'Infotech est très cher, c'est vrai. En fait, c'est le plus cher. Mais nous pouvons chercher d'autres fournisseurs. Si vous voulez bien, je vais demander des catalogues pour étudier la gamme des modèles et nous allons décider à la réunion de la semaine prochaine.

Conseils pratiques

autre always precedes the noun.

c'est   The plural of *c'est* is *ce sont*.

Activités

A **Renforcement**

Say that something is 'the most' or 'the least'.

Modèle: Ce projet est important
C'est vrai, c'est le plus important

Nos exportations ne sont pas très bonnes
C'est vrai, ce sont les moins bonnes

1 Cette salle est très agréable.   (C'est vrai, ...)

2 Cet ordinateur n'est pas très cher.   (En fait, ...)

3 Les résultats de mars sont très bons.   (Absolument: ....)

4 Le premier candidat est intéressant.   (Ah oui! ....)

5 Leur offre n'est pas chère.   (Effectivement, ...)

6 La réponse de Garcin & Cie est très favorable.   (Tout à fait: ....)

7 L'hôtel n'est vraiment pas très élégant.   (Je suis bien d'accord! ....)

8 Nos ventes en Europe ne sont pas très bonnes.   (C'est exact, ...)

B **A votre tour**

How would you say in French that:

1 there is something else on the agenda

2 the office furniture isn't comfortable

3 computers are expensive but they are necessary

4 five computers and three printers represent a huge investment

5 it's true, but it isn't important

6 you don't entirely agree

7 the company is spending enough money as it is

8 the directors are suggesting a compromise

9 we must look for another supplier

10 you want to study the range of models

C The document which follows is the CV of a British student applying for a placement in France. See how much you can work out.

WHEATCROFT Helen

née le 05.07.70

Nationalité: britannique

Situation de famille: célibataire

36 Chingford Lane,
Wootton,
Dorset DT15 4BJ,
Grande-Bretagne.
Tél: 314 915662

Objectif: stage de 6 mois dans un service de ventes me permettant d'appliquer mes connaissances de marketing international et de langues étrangères

Études et diplômes

1986 – O levels (équivalence brevet)

1988 – A levels (équivalence baccalauréat):
Économie appliquée (mention Bien)
Français (mention Très Bien)
Russe (mention Assez Bien)

Actuellement étudiante en deuxième année de BA Business Studies (équivalence licence de gestion) à Bournemouth University.
Sujets étudiés en deuxième année: Comptabilité, Droit commercial, Institutions européennes, Informatique, Marketing, Gestion de l'entreprise.

Expérience professionnelle

1989   stage de 2 mois dans un service marketing – D.H.Down & Co

1990   interprète à temps partiel – CCI La Rochelle

Centres d'intérêt

Cinéma, cuisine, bricolage

Autres renseignements

Langues étrangères: français: lu, écrit, parlé couramment

russe: lu, parlé couramment

allemand: connaissances élémentaires

Bonnes connaissances d'informatique (dBase III, Exel, MacWrite)

Now draw up your own CV on the same lines.

D   Role playing

Work in pairs.

The Head of Marketing is interviewing an applicant for a placement. Using the CV in the previous *activité* (or a similar one), play the part of interviewer and interviewee.

● ●

Faits et chiffres

Les horaires de travail _____

- En France, la semaine de travail est de 39 heures, mais les cadres travaillent en général beaucoup plus. Pour les bureaux, les entreprises et les administrations, les heures d'ouverture sont en général de 9 heures à 18 heures, avec 45 minutes de fermeture ou de service réduit pour le déjeuner. Beaucoup d'entreprises pratiquent l'horaire flexible. Excepté dans le centre des grandes villes, beaucoup de commerçants ferment à l'heure du déjeuner (souvent de 13 heures à 15 heures). Enfin, il ne faut pas oublier que dans les usines, on pratique souvent les trois-huit, pour permettre une production ininterrompue.

- La plupart des bureaux, entreprises et administrations ferment le samedi et le dimanche, mais les enfants vont à l'école ou au lycée le samedi matin. Les commerces ouverts le dimanche sont surtout les magasins de quartier (alimentation, habillement, bricolage, marchands de meubles etc.) et certaines chaînes de supermarchés.

Les vacances des Français _____

- La plupart des Français ont cinq semaines de congés. Certaines entreprises donnent une sixième semaine, mais ce n'est pas encore fréquent.

- Traditionnellement, les Français aiment prendre leurs vacances en été, et surtout en août. Ceci représente un énorme problème: nombreux accidents sur les routes, stations de tourisme chères, problèmes de production dans les usines, fermeture de bureaux pour plusieurs semaines.

- Cette habitude commence à changer, et l'étalement des vacances fait des progrès. Beaucoup de familles prennent une ou deux semaines de vacances en hiver, et varient leurs vacances d'été. Les conséquences sur l'économie sont importantes: il y a 20 ans, plus de la moitié des entreprises fermaient pendant une partie de l'été. Aujourd'hui, ce chiffre est tombé nettement en dessous de 40%.

- Enfin, il faut signaler le nombre considérable de jours fériés existant dans le calendrier français: la France est un pays de tradition catholique et il y a six fêtes religieuses:

Le lundi de Pâques	l'Assomption
l'Ascension	la Toussaint
le lundi de Pentecôte	Noël

Mais il y a aussi cinq fêtes nationales:

le 1er janvier
le 1er mai (la fête du travail)
le 8 mai (la fête de la Victoire de 45)
le 14 juillet
le 11 novembre (l'Armistice)

- Si un jour férié tombe un mardi ou un jeudi, beaucoup de Français prennent un jour de congé supplémentaire entre le week-end et le férié: cela s'appelle 'faire le pont'!

Action checklist

Before moving on to Stage 7, make sure that you can:

- present in simple terms the reasons for a decision
- draw up a short CV
- talk about things which have happened

7 Voici ce que je vous propose

In Stage 7, you will:

- listen to people discussing the terms of a contract
- begin to negotiate a deal in simple terms
- express possibilities and preferences
- learn how to talk about the past using more complex verbs
- learn how to use adverbs
- learn how to use emphatic pronouns

Préparation

Below is a letter from a hotel enclosing a quotation. Read them both carefully and then answer the questions which follow.

```
HOTEL DE LA PAIX

19 rue de l'Arcade,

14021 Saint-Georges

Salles pour séminaires & banquets
Bars & restaurant
Loisirs, détente et sports


                              Monsieur Pierre Foral,
                              Société Masson & Cie,
                              25 route d'Aussun,
                              14032 Villeneuve.


                              Saint-Georges, le 12 mai 1991.


Monsieur,

Nous vous prions de trouver ci-joint notre offre concernant votre
séminaire du 17 juin prochain.

Nous espérons que cette proposition vous conviendra, et vous
garantissons un accueil chaleureux dans notre établissement.

Dans l'attente d'une confirmation de votre part, nous vous prions
de croire, Monsieur, à l'assurance de nos sentiments distingués.

                    Le directeur-adjoint,



                    Jean-Claude Thomas.




          Hôtel de la Paix, 19 rue de l'Arcade, 14021 Saint-Georges
              Tél: 37 12 31 85  Fax  37 12 34 87
          EURL au capital de 100 000 F - R C Caen  123 321 234F
```

```
HOTEL DE LA PAIX
19 rue de l'Arcade
14021 Saint-Georges


                              A l'attention de M. Pierre Foral,
                              Société Masson & Cie.



                     Séminaire du 17 juin 1991



   Mise à disposition d'une salle de séminaire       5 000 FF
   (de 8.00 à 18.00 heures)

   Location du matériel spécifié le 12.5.90          2 250 FF

   Déjeuner gastronomique pour 30 participants (*)   4 500 FF



   Prix TTC  . . . . . . . . . . . . . . . . . .    11 750 FF




   (*)  Vins non compris - merci de confirmer votre sélection aussitôt
        que possible.








          Hôtel de la Paix, 19 rue de l'Arcade, 14021 Saint-Georges
              Tél: 37 12 31 85  Fax  37 12 34 87
          EURL au capital de 100 000 F - R C Caen  123 321 234
```

1 What sort of facilities does the Hôtel de la Paix offer?

2 How much time has M. Foral got before the conference?

3 What is the cost of hiring the conference room?

4 Is the hire of equipment included in this figure?

5 What sort of lunch is being offered?

6 What is the cost of lunch per person?

7 What is the situation regarding wine?

Dialogue 1

Paul Maroger has received the quotation from the Hotel Europa but is concerned about the cost. He is now having a further meeting with Jean Molvau in order to try and come to an arrangement. He explains his financial problem and Jean Molvau suggests that it may be possible to reach a compromise.

Expressions importantes

rappelez-vous	*remember*
C'est ce que nous avons pensé	*That's what we thought*
Comme je vous l'ai dit. . .	*As I told you. . .*

Écoutez le dialogue

Paul Maroger: Merci beaucoup pour votre proposition. Elle est arrivée la semaine dernière. Malheureusement, je crois que la salle Trianon n'est pas assez grande. Rappelez-vous: nous avons trente participants, plus notre personnel, l'équipement et l'exposition annexe.

Jean Molvau: C'est ce que nous avons pensé. C'est pourquoi nous avons aussi donné les prix pour une formule basée sur la salle Versailles.

Paul Maroger: En effet, et ils sont très convenables. Mais je dois avouer qu'ils semblent plutôt chers. Comme je vous l'ai dit, nous voulons améliorer notre image de marque, mais nous avons de gros investissements en ce moment et notre budget n'est pas illimité. Vous comprenez la situation, j'espère?

Jean Molvau: Mais oui, je comprends très bien. Beaucoup de gens ont des difficultés en ce moment. Mais je peux peut-être vous aider, car j'ai une petite marge de manoeuvre. Évidemment, nos prix sont très étudiés, mais il faut considérer l'année dans son ensemble. Il y a certainement une possibilité d'entente.

Conseils pratiques

c'est   This usually means 'it is', but it can have other meanings: *c'est ce que nous avons pensé* (that's what we thought). Notice also *c'est un client* (he's a customer), *c'est ma soeur* (she's my sister).

il faut   This is often followed by the infinitive, and its English meaning will depend upon how it is used and on who is using it. The appropriate translation here is 'we must. . .' or 'one must. . .'.

Activités

A   Renforcement

Fill in the appropriate form of the perfect tense of the verb in brackets. Be careful about the agreement of the past participle.

Modèle: Elle (*arriver*) ce matin
         Elle est arrivée ce matin

1 Il (*venir*) me voir

2 Madame Bolin (*partir*) à six heures

3 Vous (*arriver*) à quelle heure, monsieur?

4 Les documents (*rester*) sur la table

5 La secrétaire (*monter*) au troisième étage

6 Nous (*aller*) à la gare toutes les trois

7 Ils (*passer*) à l'hôtel

8 Je (*descendre*) au rez-de-chaussée

9 Elles (*retourner*) à votre bureau?

10 Monsieur et Madame Molvau (*sortir*) après le déjeuner

B   Renforcement

Complete the sentences below in order to describe your (real or imaginary) activities during the past week.

Lundi matin j'ai ....
L'après-midi je suis ....
Et puis le soir nous avons ....
Mardi je suis ....
Le soir nous sommes ....

Mercredi matin j'ai ....
Et puis l'après-midi nous avons ....
Jeudi nous sommes ....
Le soir je suis ....
Vendredi matin j'ai ....

Après le déjeuner je suis ....   Et enfin dimanche nous sommes ....
Samedi nous avons ....

C   A votre tour

Insert the appropriate communicative phrases from the dialogue into the text below.

Mon cher Pierre, je vous remercie de votre proposition. Elle est très intéressante et complète. [*Unfortunately*], je crois que le nouveau modèle ne convient pas exactement à nos besoins: [*indeed*], il convient seulement à un petit nombre de nos clients. [*Remember*], la plupart de nos clients veulent des machines à grande capacité! Je préfère donc le modèle 'Tornade'. [*As I told you*], nous cherchons essentiellement un produit solide. [*I must admit*] qu'il est cher, mais [*we must consider*] la qualité du produit. Nous envisageons d'acheter un nombre considérable de 'Tornade', et [*obviously*] vos prix sont très étudiés, mais notre budget n'est pas illimité. [*You understand the situation, I hope.*] Nous sommes un de vos vieux clients [*and I am sure we can come to an agreement*].

Dialogue 2 _____

Jean Molvau questions Paul Maroger regarding the company's use of hotel accommodation during the year.

Expressions importantes

de plus en plus important	*more and more important*
Je ne vois pas où vous voulez en venir	*I don't see what you're driving at*
Je ne pourrais pas vous répondre exactement	*I couldn't give you an exact answer*
Je ne vois toujours pas le rapport	*I still don't see the connection*

Écoutez le dialogue

Jean Molvau: Considérons la chose différemment. C'est votre première commande. Je reconnais que c'est une grosse affaire, mais pour nous, le travail hors saison est aussi très important. Certains mois il n'y a personne. Est-ce que votre société organise beaucoup de réceptions pour ses clients?

Paul Maroger: Eh bien . . . nous organisons deux présentations par an, une pour le catalogue automne/hiver et une pour le catalogue printemps/été. Ce sont des événements très importants pour nous. Et nous espérons qu'avec notre nouvelle stratégie de vente, ils vont devenir de plus en plus importants. Mais je ne vois pas où vous voulez en venir. . .

Jean Molvau:	Vous allez voir dans un instant. Mais d'abord, une deuxième question: quand vous recevez des clients ou des employés, où les logez-vous?
Paul Maroger:	Quand nos cadres viennent ici pour des réunions, ils choisissent leur hôtel et font leurs réservations eux-mêmes. Nous remboursons leurs notes de frais.
Jean Molvau:	Et pour vos clients, que faites-vous?
Paul Maroger:	En général, nous utilisons l'hôtel de la Gare, c'est pratique.
Jean Molvau:	Et combien de nuits d'hôtel est-ce que cela représente par an en moyenne?
Paul Maroger:	Je ne pourrais pas vous répondre exactement – 150 ou 200, je suppose. Mais je ne vois toujours pas le rapport. . .
Jean Molvau:	Si vous voulez m'excuser un instant. . . Je dois vérifier certains détails. Mais rassurez-vous, je crois que j'ai trouvé une solution à votre problème!

Activités

A   Renforcement

Change the adjective in brackets into an adverb and place it appropriately in the sentence.

Modèle: Je téléphone à nos fournisseurs   (*constant*)
Je téléphone constamment à nos fournisseurs

1 Il a compris la situation   (*bon*)

2 Ils vont accepter notre proposition   (*sûr*)

3 Nous croyons que nos clients sont très satisfaits   (*sincère*)

4 Vous avez pris votre décision   (*rapide*)

5 Il est prêt à nous accorder un rabais   (*probable*)

6 Je vais essayer de contacter le directeur   (*certain*)

7 Nous sommes d'accord   (*entier*)

8 Il est important de signer le contrat avant jeudi   (*extrême*)

B   A votre tour

A potential supplier of computer consumables is questioning you about your company's annual requirements. Using the guidelines below, provide the necessary information.

Question: Est-ce que votre société est bien équipée en ce qui concerne l'informatique?

Réponse: *Say that you have probably 20 computers and 10 or 12 printers. Say that computers are very important for your company and that with your new sales strategy they are going to become more and more important*

Question: Est-ce que vous utilisez un seul fournisseur pour vos consommables ou est-ce que vous en avez plusieurs?

Réponse: *Say that you use two suppliers*

Question: Combien de disquettes est-ce que votre entreprise achète par an en moyenne?

Réponse: *Say that you couldn't give an exact answer, but probably between 1500 and 2000*

Question: Vous achetez quelle quantité de papier par an?

Réponse: *Say that it is very difficult, but you suppose that your company must buy about 3000 boxes* (boîtes) *of paper a year on average*

Question: Merci beaucoup. Avec ces renseignements je crois que je peux vous faire une proposition intéressante.

Dialogue 3 ─────────────────────────────────

Jean Molvau comes up with a fresh proposal which, after further negotiation, Paul Maroger thinks may offer a compromise.

Expressions importantes

Voilà ce que je propose	*This is what I suggest*
Reconnaissez que . . .	*You will admit that . . .*
Vous pourriez envisager une autre concession	*You might consider another concession*
C'est beaucoup demander	*That's asking a lot*
Si vous faites un petit effort supplémentaire	*If you go just a little bit further*

 Écoutez le dialogue

Jean Molvau: J'ai fait quelques calculs et voilà ce que je vous propose.

Paul Maroger: Je vous écoute.

Jean Molvau: Nous sommes prêts à vous accorder un rabais de 15% sur le forfait pour la salle Versailles. En contrepartie, vous vous engagez à utiliser notre hôtel pour vos visiteurs et pour vos présentations. Qu'en pensez-vous?

Paul Maroger: Je dois dire que c'est une proposition intéressante.

Jean Molvau: Pour nous, elle a l'avantage de nous assurer des clients hors saison. Et vous, vous y gagnez parce que nous vous faisons un tarif préférentiel.

Paul Maroger: C'est très juste, mais vous oubliez une chose: nous ne faisons pas toujours nos réservations dans des établissements aussi luxueux que l'Europa. Votre hôtel est excellent, mais reconnaissez que vos tarifs sont plutôt élevés. Je suis d'accord sur le principe, mais vous pourriez peut-être envisager une autre concession sur le prix des chambres?

Jean Molvau: C'est beaucoup demander! Nous n'accordons des réductions que pour des contrats précis. Mais je suis prêt à faire un geste: nous pouvons vous donner une gratuité toutes les dix réservations, c'est-à-dire l'équivalent d'une réduction de 10%.

Paul Maroger: Je crois bien que nous allons nous mettre d'accord si vous faites un petit effort supplémentaire.

Conseils pratiques

prêt   Some adjectives take the preposition *à* before an infinitive: *je suis prêt à faire un geste* (I'm prepared to make a gesture).

ne . . . que   Note that *que* goes immediately before the word or phrase it restricts: *nous n'accordons des réductions que pour des contrats précis* i.e. 'only for fixed contracts'.

Activités

   A   **Renforcement**

Listen to the sentences on the cassette, then repeat them in the gap provided inserting the appropriate emphatic pronoun at the beginning.

Modèle: Je vais à Paris
        Moi, je vais à Paris

1 Je préfère le premier modèle

2 Il a fait une proposition intéressante

3 Elle n'est pas d'accord

4 Nous sommes arrivés à 8h30

5 Vous avez oublié la réunion

6 Ils ont acheté un nouvel ordinateur

   B   **Renforcement**

Replace the words in italics with the appropriate emphatic pronoun.

Modèle: Je vais à la conférence avec *mon adjoint*
        Je vais à la conférence avec lui

1 Je négocie avec *M. Masson* depuis trois semaines

2 J'ai un message pour *Mlle Lambert*

3 Nous dînons chez *ses parents* ce soir

4 Il est arrivé à l'hôtel après *mon adjoint et moi*

5 Nous avons vu notre client entre le P.D.G. et *le directeur des ventes*

6 Nous avons acheté des machines de traitement de texte pour *les secrétaires*

C   A votre tour

How would you say in French:

1 This is what we propose

2 Our company is prepared to grant a reduction of 20%

3 He uses this hotel for his customers

4 This proposal is very interesting

5 It is a proposal which has several advantages

6 There is one thing which you are forgetting

7 We can consider another concession

8 Can you go just a little bit further?

Dialogue 4

Before giving his final agreement to the offer, Paul Maroger wants to 'test the product'.

Expressions importantes

Mettons les choses au point	*Let's be clear about things*
de notre côté	*for our part*
La question est donc réglée?	*The matter is settled then?*
Si je puis dire	*If I can put it like that*

🔲 Écoutez le dialogue

Paul Maroger: Mettons les choses au point: vous nous accordez un rabais de 15% sur le forfait pour la salle Versailles, et l'équivalent d'une réduction de 10% sur le prix des chambres. De notre côté, nous nous engageons à utiliser votre établissement à chaque occasion. Cela me semble raisonnable.

Jean Molvau: Eh bien, c'est parfait. La question est donc réglée?

Paul Maroger: Je crois. Mais j'ai encore une dernière chose à vous demander. Avant de donner notre accord définitif, nous voudrions faire une expérience, si je puis dire. Un de mes fournisseurs, Monsieur Dupuis, doit venir pour trois jours la semaine prochaine. Avez-vous une chambre libre du mercredi au vendredi? Monsieur Dupuis pourrait nous donner son opinion comme client.

Jean Molvau: Nous serons très heureux de le recevoir. C'est une excellente suggestion et je crois sincèrement que Monsieur Dupuis sera satisfait de notre service. Mais vous pourriez peut-être dîner ici un soir tous les deux: comme ça, vous pourrez juger vous-même.

Conseils pratiques

devoir   This verb usually indicates obligation ('must', 'ought'). However, it can also be used to say that something is due to happen: *un de mes fournisseurs doit venir la semaine prochaine* (one of my suppliers is due to come next week).

nous voudrions   This is the plural of *je voudrais*.

je puis   The usual first person present tense form of *pouvoir* is *je peux*. The alternative form *je puis* is also found, usually in questions (*puis-je?*) or in set phrases: *si je puis dire*.

Activités _____

A   **Renforcement**

Listen to the sentences on the cassette, then repeat them in the gap provided adding the appropriate form of the emphatic pronoun.

Modèle: Je l'ai fait
         Je l'ai fait moi-même

1 Il va monter

2 Nous avons fini la nouvelle brochure

3 Le P.D.G. a envoyé les documents

4 Je veux décider

5 Elle ne peut pas venir

6 Vous avez fait tout ça?

7 Elles ont acheté la machine

8 Ils ont signé le contrat

9 J'ai discuté la situation

10 Nous allons étudier la proposition

 B   A votre tour

Soften what you say by replacing the verb in italics with the appropriate form of the conditional tense.

1 Nous *pouvons* envoyer notre proposition le 15 mai

2 Je *veux* une réponse aussitôt que possible

3 Nous *devons* louer deux appareils supplémentaires

4 Vous *pouvez* téléphoner à sa secrétaire

5 Nous *voulons* un décor élégant et un service impeccable

6 Je *dois* confirmer les réservations cette semaine

C   Situation: you are negotiating the terms of an offer with a supplier. Working in pairs and using the guidelines below, make up and practise a suitable dialogue.

Buyer: Say that you received the offer yesterday and that it seems interesting.

Supplier: Say that your prices are very competitive.

Buyer: Say that unfortunately your company has a small financial problem: it is investing heavily in order to improve its products, and its budget is not very big.

Supplier: Say that you understand the situation very well and that you know a lot of people who have difficulties at the moment. Explain that you always have some room to manoeuvre and that perhaps you can help.

Buyer: Say that you're listening.

Supplier: Say that your company is prepared to grant a discount of 10% on the price, but that there is a condition: the buyer undertakes to use your services whenever the opportunity arises.

Buyer: Reply that that seems reasonable to you and that you think you are reaching a compromise.

D Below is a pie chart (*un camembert*) showing the sales results of Jamalex S.A. for 1990. Prepare a commentary on the results using the following phrases (they are not in order):

- cette année nos meilleurs produits sont . . .
- nous sommes très satisfaits de nos résultats pour 1990
- enfin, la catégorie 'divers' constitue . . .% de nos ventes
- les ventes sont de l'ordre de . . .% pour les produits pour femmes et de . . .% pour les produits pour hommes
- ils représentent . . .% de nos ventes
- en deuxième position, nous trouvons . . .
- dans cette catégorie, les produits pour femmes marchent particulièrement bien

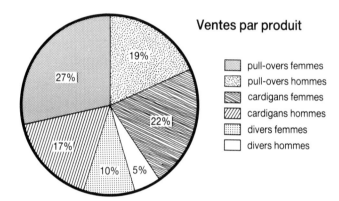

Ventes par produit

- ▨ pull-overs femmes
- ▧ pull-overs hommes
- ▨ cardigans femmes
- ▨ cardigans hommes
- ▦ divers femmes
- □ divers hommes

Faits et chiffres

L'économie française _____

- Aujourd'hui encore, la France est en première place pour la production agricole dans la CEE, et elle reste le premier producteur de vin dans le monde. Cependant, l'importance de l'agriculture dans l'économie française diminue et elle ne représente que 4% environ du PNB.

- Les industries traditionnelles sont implantées dans le Nord et l'Est du pays, et ces régions ont été particulièrement touchées par la crise économique depuis 1975. Dans l'ensemble, la sidérurgie est en déclin, mais l'industrie textile s'est beaucoup modernisée. Parmi les secteurs performants, on compte l'automobile, les produits chimiques et aussi l'électronique. L'aéronautique est le principal secteur de l'industrie de pointe.

- L'un des changements les plus remarquables des 20 dernières années est la dissémination des PME et des PMI. Ce phénomène a diversifié les activités économiques sur le plan local et a permis de nombreuses créations d'emplois.

- La France produit 50% de ses besoins en énergie, mais elle importe presque 95%

de son pétrole. Après le choc pétrolier de 1973, la France a décidé de donner la priorité au programme nucléaire. Actuellement, le nucléaire produit les deux tiers de l'énergie électrique française.

Le commerce extérieur

Principaux produits industriels exportés	Pourcentage des exportations totales
produits chimiques	7%
automobiles	6,5%
équipements électroniques	6,4%
aéronautique	4%

Principaux produits importés	Pourcentage des importations totales
équipements électroniques	8%
produits chimiques	5,8%
automobiles	5,5%
pétrole	4,5%

Partenaires principaux

Clients		Fournisseurs	
Allemagne	16%	Allemagne	19%
Italie	12%	Italie	11,5%
Grande-Bretagne	9,5%	Belgique/Luxembourg	9%
Belgique/Luxembourg	8,8%	USA	7,7%
USA	6,5%	Grande-Bretagne	7,1%
Espagne	5,7%	Pays-Bas	5%
Pays-Bas	5,6%	Espagne	4,5%
Suisse	4,2%	Japon	4,1%
Japon	1,9%	Suisse	2,4%
Portugal	1,3%	Suède	1,6%

Action checklist

Before moving on to Stage 8, make sure that you can:
- answer simple questions about a company
- discuss a deal in simple terms

8 Je voudrais votre opinion là-dessus

In Stage 8, you will:

- hear someone checking in at a hotel
- hear people engaging in social conversation
- hear someone ordering drinks

- learn how to use reflexive verbs
- learn some common expressions of quantity
- learn certain forms of the demonstrative
- learn more uses of pronouns

Préparation

Le TGV (train à grande vitesse)

Here are some extracts from a brochure about the French high-speed train. Study them carefully and then answer the questions at the end.

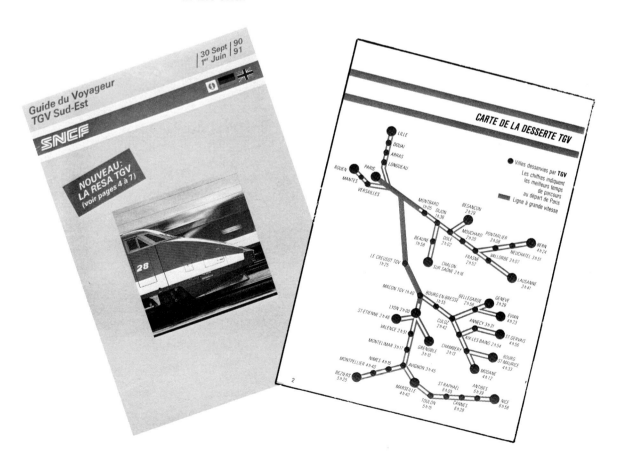

VOUS PREPAREZ VOTRE VOYAGE

■ VOUS VOUS DECIDEZ A LA DERNIERE MINUTE

■ Au guichet de la gare de départ, un vendeur SNCF vous délivre en une seule fois et jusqu'au dernier moment (quelques minutes avant votre départ) :
– votre billet,
– votre RESA TGV.
Pour permettre à un plus grand nombre de voyageurs n'ayant pas leur billet d'emprunter le premier TGV offrant des places disponibles, une procédure de **"réservation rapide au guichet"** a été mise en place. Elle consiste à attribuer une place dans ce premier TGV possible mais, comme la demande est tardive, elle ne permet pas automatiquement le choix entre "fumeurs", "non-fumeurs", "coin–fenêtre", "coin-couloir".

■ Vous pouvez également utiliser l'un des nouveaux distributeurs nommés "Billetterie automatique".
En effleurant du doigt l'écran, vous pouvez acheter un billet, une RESA TGV, une réservation pour un repas, mais également retirer jusqu'au dernier moment vos commandes effectuées par Minitel ou téléphone. Nos billetteries automatiques acceptent les cartes bancaires. A partir de 40 F vous pouvez utiliser votre carte Bleue, votre carte bancaire Visa (émise en France) et votre carte Eurocard. Jusqu'à 100 F la billetterie automatique accepte également les pièces et rend la monnaie.

Par ailleurs, en période de pointe, quelques places peuvent vous être proposées en sur-réservation ; le contrôleur s'efforcera alors de vous attribuer dans le train une place laissée disponible.

Lors des grands départs (vacances scolaires, week-ends...), afin de pouvoir offrir un nombre plus important de places, certains TGV sont dédoublés.
Nous vous conseillons de bien vérifier sur le tableau d'affichage des trains au départ, le quai où vous devez prendre votre train. Le numéro de votre TGV (et celui de votre voiture) sont indiqués sur votre RESA TGV.

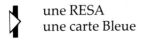

une RESA
une carte Bleue

a reserved seat confirmation
= a Visa card

1 What do you need to obtain before you travel on the TGV?

2 How long before the departure of the train do you need to book?

3 What is the disadvantage of booking late?

4 What services do the automatic ticket machines offer?

5 What methods of payment do they allow?

6 How does the SNCF cope with the extra demand at holiday periods?

Dialogue 1

Gérard Dupuis books in at Hotel Europa and enquires about hiring a car.

Expressions importantes

C'est bien pour . . . n'est-ce pas?	*It is for . . . isn't it?*
Je peux m'en occuper pour vous	*I can see to it for you*
Ça suffit	*That'll do*

🔊 Écoutez le dialogue

Gérard Dupuis: Bonsoir. Je suis Gérard Dupuis, de la société Tricofil. On m'a réservé une chambre pour trois jours. C'est au nom de la société Jamalex.

Mme Bolin: Bonsoir, monsieur. Effectivement, la réservation a été faite la semaine dernière. C'est bien pour une chambre avec douche, n'est-ce pas?

Gérard Dupuis: Oui, c'est ça.

Mme Bolin: Si vous voulez bien remplir cette fiche. . . Merci.

Gérard Dupuis: Peut-être pouvez-vous m'aider. . . Je voudrais louer une voiture.

Mme Bolin: Je peux m'en occuper pour vous, si vous voulez. Nous travaillons régulièrement avec une agence locale. Pouvez-vous me préciser ce que vous voulez?

Gérard Dupuis: Oh, un modèle standard, ça suffit. C'est pour trois jours, mais je dois commencer ma journée très tôt demain. Est-ce que je pourrais avoir la voiture pour 7h30?

Mme Bolin:	Certainement, monsieur. Plus tôt, si vous voulez.
Gérard Dupuis:	Non, 7h30, ça va. Quel est le prix par jour?
Mme Bolin:	300F par jour pour 100 kilomètres. Vous voulez payer par chèque ou par carte de crédit?
Gérard Dupuis:	Par carte.
Mme Bolin:	Eh bien, c'est parfait, vous pouvez prendre vos clés demain matin à 7h30. Bon séjour, Monsieur Dupuis!

Activités

A   Renforcement

Fill in the appropriate form of the demonstrative adjective: *ce, cet, cette* or *ces*.

.... agence	.... occasion
.... femmes	.... visiteur
.... automne	.... atelier
.... accord	.... budget
.... commande	.... événements
.... affaires	.... banquet

B   Renforcement

How would you say in French:

1 This contract is very important for us

2 These prices are very competitive

3 This equipment is not very modern

4 He hopes to sign this agreement next week

5 Have you got the details of these proposals?

6 They are expecting 35 participants for this presentation

C   A votre tour

You are working for a car hire firm. Using the tariff list below, give your customers information about the different categories available and the rates which apply.

1 S'il vous plaît, mademoiselle, je voudrais louer une petite voiture. Qu'est ce que vous avez?

2 Je voudrais louer une Peugeot 309 pour quatre jours. Quel est le prix, toutes taxes comprises?

3 Je voudrais une voiture pour six jours, s'il vous plaît. Quels sont les prix pour une BX14 et pour une BX19?

4 Est-ce que je peux louer une voiture pour une demi-journée, s'il vous plaît?

5 Si je prends une voiture à 8h lundi jusqu'à 14h mardi, c'est quel prix, s'il vous plaît?

6 Pardon, mademoiselle, qu'est-ce que vous avez comme grosse voiture?

7 Quel est votre prix pour une Renault 25 pour dix jours, s'il vous plaît?

AGENCE EUROVOITURE

CATÉGORIE	MARQUE ET MODELE	TARIF JOURNALIER							
		1 – 2 jours		3 – 5 jours		6 – 7 jours		8 – 28 jours	
		HT	TTC	HT	TTC	HT	TTC	HT	TTC
A	Renault 5 Peugeot 205 Citroën AX	240	279	235	274	216	249	196	225
B	Peugeot 309 Renault 11 Citroën BX14	295	339	287	330	258	298	230	265
C	Peugeot 405 Renault 21 Citroën BX19	330	380	321	370	284	332	247	285
D	Peugeot 505 Renault 25 Citroën XM	495	570	469	540	421	485	373	430

HT = hors taxe;   TTC = toutes taxes comprises.
Durée minimum de location – 1 jour (24 heures).
Heures supplémentaires – 1/6 du tarif journalier.
Le kilométrage illimité est compris dans nos tarifs.

Dialogue 2

Paul Maroger telephones Gérard Dupuis in his hotel room and suggests they meet for dinner.

Expressions importantes

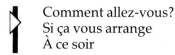

Comment allez-vous?	*How are you?*
Si ça vous arrange	*If that suits you*
À ce soir	*See you this evening*

Écoutez le dialogue

Radio:	Et maintenant la météo de demain. Matinée ensoleillée sur l'ensemble du pays, mais températures fraîches pour la saison, ne dépassant pas 8°. Risques d'averses l'après-midi.
	(*Le téléphone sonne*)
Gérard Dupuis:	Allô.
Mme Bolin:	J'ai Monsieur Maroger en ligne. Je vous le passe.
Gérard Dupuis:	Merci.
Paul Maroger:	Allô, Gérard? Paul Maroger à l'appareil.
Gérard Dupuis:	Bonsoir, Paul. Comment allez-vous?
Paul Maroger:	Très bien merci, et vous?
Gérard Dupuis:	Très bien.
Paul Maroger:	Écoutez, j'ai un changement de programme pour demain et je voudrais savoir si par hasard vous êtes disponible ce soir. Si vous n'avez rien de prévu, nous pourrions peut-être dîner ensemble ce soir au lieu de demain.
Gérard Dupuis:	Avec plaisir, si ça vous arrange.
Paul Maroger:	Parfait. Alors je vous retrouve au bar vers 19h30. Nous allons dîner au restaurant de l'hôtel – je vous expliquerai pourquoi! A ce soir.

Conseils pratiques

rien de . . .   Note that this is a similar construction to *quelque chose de . . .* , e.g. *quelque chose de nouveau, rien de nouveau.*

Activités

 A Renforcement

Replace the words in italics with a pronoun and place it appropriately in the sentence.

Modèle: Nous logeons *nos clients* à l'hôtel
Nous les logeons à l'hôtel

Je téléphone *à son secrétaire*
Je lui téléphone

1 Nous utilisons *la salle Versailles*

2 L'hôtel accorde un rabais *à nos employés*

3 Le directeur des ventes accepte *les propositions*

4 Le directeur de la production explique la situation *au P.D.G.*

5 Vous achetez *l'ordinateur*?

6 Je prends *l'autoroute*

7 Je soumets la proposition *à mes directeurs*

8 Elle donne les clés de la voiture *à Monsieur Dupuis*

9 Je veux finir *ces documents*

10 Monsieur Molvau communique son rapport *à son directeur*

11 Ils connaissent *Monsieur Bertrand et son adjoint*

12 Nous écrivons *à nos clients*

 B Renforcement

Listen to the questions on the cassette and then answer them in the gap provided.

Modèle: Vous acceptez la proposition?
Oui, je l'accepte

Il n'écrit pas à ses clients?
Non, il ne leur écrit pas

1 Elle ne donne pas le rapport?

2 Vous répondez à la secrétaire?

3 Ils ne remboursent pas les notes de frais?

4 Il connaît le directeur des ventes?

5 Vous expliquez nos difficultés aux employés?

6 Vous n'invitez pas vos fournisseurs?

7 Elles expliquent les problèmes?

8 Il ne soumet pas la proposition à son directeur?

9 Il n'utilise pas son ordinateur?

10 Ils accordent une réduction à nos clients?

C   A votre tour

Read the weather forecast below, and then tick the
appropriate boxes in the grid at the end.

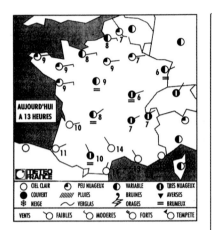

MÉTÉO

FROID ET ENSOLEILLÉ

Région parisienne.
Après dissipation des brumes et brouillards du petit matin, le ciel va
se dégager rapidement et le soleil va briller. Il va faire très frais: 2° au
lever du jour, 7° dans l'après-midi.

Ailleurs.
De la Normandie au Pas de Calais, matinée nuageuse et brumeuse.
Des éclaircies parfois belles vont se développer cet après-midi.
De l'Alsace au Jura, à la Bourgogne, aux Alpes et à la Corse, après
dissipation des brouillards matinaux, il y a encore quelques pas-
sages nuageux en alternance avec des éclaircies.
Du Nord et de la Champagne à l'Ile-de-France, aux régions du
Centre, à l'Auvergne et de la Bretagne à la Vendée, aux Charentes, à
l'Aquitaine et aux Pyrénées, la matinée débute par de fréquentes
nappes de brume et de brouillard qui vont se désagréger rapidement et vont laisser la place à un ciel clair et à un temps bien
ensoleillé. Sur le Midi méditerranéen, le soleil va briller sans réserve
toute la journée.
Il fait très frais au lever du jour: entre −1° et 2° sur la plupart des
régions. Seules, les côtes ont localement de 4° à 6°. Cet après-midi, il
va faire le plus souvent entre 5° et 9°, mais le thermomètre va
atteindre tout de même 10° à 16° sur les régions méditerranéennes.

	Brumes matinales	Passages nuageux	Éclaircies	Ciel clair	Soleil	2°–7°	10°–16°
Région parisienne							
Normandie							
Bourgogne							
Charentes							
Midi méditerranéen							

Dialogue 3

Paul Maroger and Gérard Dupuis exchange small talk before dinner.

Expressions importantes

Il y en avait un tout de suite	*There was one straightaway*
Tout le monde va bien chez vous?	*Is everyone well at home?*
Qu'est-ce qui vous tente?	*What would you like? (lit. What tempts you?)*

Écoutez le dialogue

Paul Maroger:	J'ai réservé une table pour 8 heures, mais nous pouvons commander avant. Que prenez-vous?
Gérard Dupuis:	Hm. . . un whisky, s'il vous plaît.
Paul Maroger:	Avec de l'eau?
Gérard Dupuis:	Non merci, nature, mais avec de la glace.
Paul Maroger:	Mademoiselle, s'il vous plaît! Un whisky pour monsieur, et pour moi un martini sec, s'il vous plaît. Et nous voudrions voir le menu.
Serveuse:	Tout de suite, monsieur.
Paul Maroger:	Vous avez fait bon voyage?
Gérard Dupuis:	Excellent, merci. J'ai pris le train de 13 heures. Et je n'ai pas fait la queue pour avoir un taxi – il y en avait un tout de suite.
Paul Maroger:	Tout le monde va bien chez vous?

Gérard Dupuis:	Oui, merci. C'est calme maintenant! Nos deux fils vont à l'école toute la journée.
Paul Maroger:	Quel âge ont-ils?
Gérard Dupuis:	Alexandre a huit ans et Jacques six ans. Ma femme a recommencé à travailler à plein temps cet automne. L'année dernière, elle avait un poste à mi-temps, et c'était beaucoup moins bien pour elle.
Paul Maroger:	Évidemment. Que fait-elle?
Gérard Dupuis:	Elle est programmatrice.
Paul Maroger:	Ah! Voici le menu. Qu'est-ce qui vous tente?

Conseils pratiques

When talking about one's age in French, use the verb *avoir*: *Quel âge ont-ils?* (How old are they?), *Alexandre a huit ans* (Alexander is eight).

Activités

A Renforcement

How would you say in French:

1 Decapex & Co delivers more quickly

2 Their company is doing less well

3 We are sending brochures less regularly than last year

4 Our machine is working better now

5 This year he is writing less often

6 You can change the program more easily

B A votre tour

Vous avez choisi?
Using the phrases below to help you, say what you would like to drink.

Je pense que je vais prendre . . .
 Je prends . . .
 Je voudrais . . .
 Pour moi, ce sera . . .
 Oh, j'aimerais . . .
 Je prendrais volontiers . . .
	un whisky
	 un jus de tomate
	 un pineau blanc
	 un martini sec
	 un Schweppes
	 un Cinzano
	 un Perrier citron
	 une bière blonde/brune
	 un demi
		avec de l'eau
		    de l'eau gazeuse
		    de l'eau plate
		    de la glace
		 nature

Say that:

1 you'll have a Perrier with ice and lemon

2 you'd quite like a tomato juice

3 you'd love a scotch with sparkling water

4 you think you'll have a lager

5 you'd like an Indian tonic with ice

6 you're having a neat Cinzano

Dialogue 4

Paul Maroger explains why they are having dinner in the hotel restaurant.

Expressions importantes

Nous pensons l'avoir trouvé	*We think we've found it*
Il ne me reste plus qu'à . . .	*It only remains for me to . . .*
C'est que . . .	*The fact is . . .*

🔲 Écoutez le dialogue

Gérard Dupuis: Très bon, ce saumon. Dites-moi, Paul, vous ne m'avez toujours pas expliqué pourquoi nous dînons ici.

Paul Maroger: C'est juste. Eh bien, nous sommes ici parce que je voudrais avoir votre opinion sur cet établissement.

Gérard Dupuis: Ah bon, pourquoi?

Paul Maroger:	Vous savez que cette année la présentation de février a une importance particulière.
Gérard Dupuis:	Cruciale, même. Elle devrait beaucoup rehausser votre image de marque.
Paul Maroger:	Effectivement. C'est pourquoi nous cherchons un cadre approprié et nous pensons l'avoir trouvé. Je dois dire que la direction nous offre des conditions très avantageuses pour la présentation. En échange, nous nous engageons à envoyer nos clients et nos employés ici pendant l'année. Avant d'accepter cette proposition je voudrais connaître votre réaction. Dites-moi franchement ce que vous pensez du service ici.
Gérard Dupuis:	Excellent à tous points de vue. Ma chambre est très confortable, le personnel est attentionné et quant à la cuisine . . . je dois dire que tout est délicieux. Il me semble que l'Europa constitue un cadre idéal.
Paul Maroger:	Tant mieux! C'est exactement mon avis. Eh bien, il ne me reste plus qu'à soumettre cette proposition à notre P.D.G. Dites-moi, vous avez vu la piscine ici?
Gérard Dupuis:	Oui, et j'ai même décidé de me baigner! C'était vraiment agréable. C'est que je n'ai pas souvent le temps de faire du sport. Et vous?

Conseils pratiques

toujours This usually means 'always' but sometimes means 'still': *vous ne m'avez toujours pas expliqué . . .* (you still haven't explained to me . . .).

Activités

 A Renforcement

Replace the infinitive in brackets with the appropriate form of the present tense.

1 Ils (*s'appeler*) Wolff

2 Je (*s'occuper*) de votre petit problème

3 Nous (*se souvenir*) de notre visite en 1988

4 Vous (*s'engager*) à nous envoyer vos clients

5 Elle (*se rappeler*) notre discussion

6 Le ciel (*se dégager*)

7 La situation (*se développer*) rapidement

8 Vous (*se mettre*) à l'aise, n'est-ce pas?

B   A votre tour

During a visit to a hotel, you receive a telephone call from a market research organization enquiring about your impressions of the hotel. Using the English guidelines, give suitable answers in French to the questions asked.

Enquêtrice:	Bonjour, monsieur/madame/mademoiselle. Je suis Aline Gillot de l'agence Marty.
Réponse:	*Say good morning*
Enquêtrice:	Excusez-moi de vous déranger. Est-ce que je peux vous poser quelques petites questions sur votre séjour à l'hôtel Luxor? C'est pour une enquête.
Réponse:	*Say yes, of course*
Enquêtrice:	D'abord, quel âge avez-vous?
Réponse:	*Give your age*
Enquêtrice:	Vous êtes marié?
Réponse:	*Answer yes or no*
Enquêtrice:	Vous êtes ici pour un voyage d'affaires ou pour du tourisme?
Réponse:	*Say it's a business trip*
Enquêtrice:	Quel type de chambre occupez-vous?
Réponse:	*Say it's a single room with shower*
Enquêtrice:	Êtes-vous satisfait de la chambre?
Réponse:	*Say that you're very pleased*
Enquêtrice:	Quelle est votre impression générale de l'hôtel?
Réponse:	*Say that the hotel is quiet, that the facilities are very high quality, the service impeccable and the cuisine delicious. Say that you had a very pleasant swim in the pool. Say that it's an excellent hotel in every respect.*
Enquêtrice:	Avez-vous utilisé le service-affaires?
Réponse:	*Say that you've sent two faxes and you've used the photocopier*
Enquêtrice:	Et êtes-vous satisfait?
Réponse:	*Say yes, it's very convenient*
Enquêtrice:	Une dernière question: avez-vous des suggestions pour améliorer le service?
Réponse:	*Say you would like to be able to use a word-processing service in the evenings*
Enquêtrice:	Merci beaucoup de votre aide.

Conseils pratiques

When talking about the weather in French, the most useful phrase is *il fait* which is the equivalent of the English 'it is'.

Il fait beau/mauvais	It's fine/the weather's bad
Il fait chaud/froid	It's hot/cold
Il fait du brouillard/du vent	it's foggy/windy

With *beau*, *mauvais*, *chaud* and *froid*, the comparatives *plus* and *moins* can be used: *il fait moins beau* (it's not so nice), *il fait plus froid* (it's colder). Notice also:

Quel temps fait-il?	What's the weather like?
Il y a du soleil	It's sunny
Il gèle	It's freezing
Il neige	It's snowing
Il pleut	It's raining
Le temps est nuageux	The weather's cloudy

C Using the weather map below, describe the weather in five of the places indicated.

Modèle: A Lyon, le temps est nuageux, mais il ne pleut pas

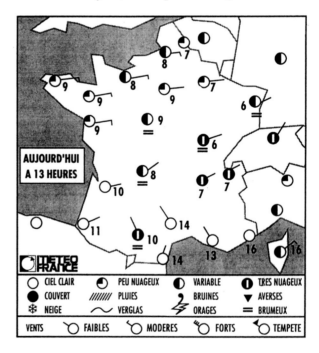

D Jean-Louis Dumas, the marketing manager, is asking his secretary to fill in the details of his expenses claim. Listen to the cassette, then fill in the claim form below and work out the totals.

REMBOURSEMENT DE FRAIS

NOM: _____

SERVICE: _____

SEMAINE DU: _____

	Lun	Mar	Mer	Jeu	Ven	Sam	Dim
Kilométrage (1F/km)							
Location voiture							
Billets avion							
Billets train							
Taxis							
Hôtel							
Repas							
Téléphone							
Pourboires							
Divers							
TOTAL							

JUSTIFICATIFS: _____

_____

_____

_____

E Working in pairs, query the expense account above. One student plays the part of the marketing manager and the other is the accountant.

● ●

Faits et chiffres

Les transports _____

- La France est le deuxième pays de la CEE après l'Allemagne pour les autoroutes. Elle en possède 6 000 kilomètres, et la plupart sont en étoile à partir de Paris. Les axes les plus utilisés sont Paris–Lille et Paris–Marseille.

- Comme les autoroutes sont construites par des sociétés privées, elles sont payantes, mais il n'y a pas de péage sur les 50 kilomètres autour de Paris.

- La France a beaucoup investi dans son réseau routier, et les routes nationales (RN) et les routes départementales (D) sont en général excellentes. Presque 80% du transport de marchandises sont faits par la route.

- La SNCF, elle aussi, a été l'objet de gros investissements. Les grandes lignes sont équipées de trains Corail, et trois axes sont maintenant desservis par le TGV (train à grande vitesse). Le TGV–Nord est prévu pour 1993.

- Quand on prend le train en France, on doit composter son billet dans une des machines orange à l'entrée du quai. Sinon, on risque de devoir payer un 'supplément', comme le dit la SNCF!

- Enfin, en ce qui concerne le transport aérien, les vols intérieurs sont assurés principalement par la société Air-Inter et des compagnies régionales, alors que Air France et UTA assurent les vols internationaux. Cependant, le TGV représente une concurrence redoutable pour beaucoup de vols à l'intérieur du territoire français.

Les invitations

- Dans l'ensemble, les Français invitent au restaurant pour les repas d'affaires. Les déjeuners et dîners d'affaires sont assez formels et durent assez longtemps. En effet, les Français aiment parler à table, et adorent faire profiter les étrangers de leurs vins et de leur cuisine. En fait, ils sont très fiers de toutes leurs cuisines: traditionnelle ou régionale, nouvelle ou minceur!

- Dans l'ensemble, les Français séparent leur vie professionnelle de leur vie privée. S'ils invitent un client ou un collègue chez eux, c'est un signe de chaleureuse hospitalité.

- Si l'on est invité dans un foyer français, les règles habituelles s'appliquent. Il convient d'apporter (ou de faire envoyer) des fleurs ou des chocolats. Un petit conseil: évitez les chrysanthèmes, ce sont les fleurs qu'on met sur les tombes dans les cimetières le jour de la Toussaint. L'exactitude est importante, mais quelques minutes de retard ne sont pas un problème pour une invitation à dîner.

- Enfin, après avoir été invité à l'extérieur ou dans un foyer, il est important d'écrire une courte lettre ou d'envoyer une carte pour remercier son hôte de son accueil et promettre de rendre l'hospitalité.

Action checklist

Before moving on to Stage 9, make sure that you can:
- talk briefly about the weather
- give a simple order for drinks
- use object pronouns

Où en sommes-nous?

In Stage 9, you will:

- hear someone summarizing a situation
- listen to someone weighing up advantages and disadvantages
- hear someone making a recommendation
- listen to someone coming to a decision

- talk about amounts and trends
- learn how to give commands
- use more complicated pronouns
- express simple conditions

Préparation

Here is a memo from Paul Maroger to the company sales representatives. Read it carefully and then answer the questions at the end.

```
J  A  M  A  L  E  X        S . A .

SERVICE  VENTES
_____

A l'attention de :  Mme A. Merlin     De:  Paul Maroger
                    MM  P. Noiret
                        D. Thomas
                        J. Veyrac      Date: 14.11.91


Objet:    PRESENTATION DE FEVRIER


Je vous ai déjà fait parvenir le programme provisoire du 18
février. Pour terminer cette journée, j'envisage d'inclure une
table ronde sur les procédures de commande et les délais de
livraison. Nos clients doivent absolument se rendre compte de la
simplicité et de la rapidité de notre système. J'espère pouvoir
compter sur votre participation.

Merci de garder libre l'après-midi du 18 février. Voulez-vous aussi
avoir l'obligeance d'apporter des exemplaires multiples de nos
nouveaux bons de commande et formulaires de facture.
```

1 What has already been sent to the representatives?

2 How does Paul Maroger want the programme for the 18th February to end?

3 What does he see as the advantages of the company's system?

4 What does he want the representatives to bring with them?

Dialogue 1

Paul Maroger and Sophie Lambert are presenting their conclusions regarding the arrangements for the presentation to the managing director of Jamalex, Monsieur Alix. He congratulates Paul Maroger on his new sales strategy and asks to be brought up to date on the February show.

Expressions importantes

par rapport à	*in comparison with*
à ce propos	*in this connection*
eh bien, justement	*well, it's like this*

Écoutez le dialogue

M. Alix: J'ai lu votre rapport sur la nouvelle stratégie de ventes et j'ai été très agréablement surpris. Vous avez amené des clients différents de nos clients habituels. Mes félicitations!

Paul Maroger:	Je vous remercie. Notre clientèle est maintenant plus diversifiée, et nous sommes certainement mieux placés par rapport à nos concurrents. Notre campagne de publicité a été un bon investissement.
M. Alix:	Oui, c'est un changement spectaculaire par rapport à l'année dernière. Notre chiffre d'affaires a augmenté de 14%. Bravo!
Paul Maroger:	Dans quelques jours, je vais vous montrer notre stratégie export pour l'année prochaine. Je crois qu'il y a quelques idées intéressantes pour la pénétration du marché allemand. A ce propos, je voudrais vous parler de la présentation de février.
M. Alix:	Ah oui, où en sommes-nous? Mettez-moi au courant!
Paul Maroger:	Eh bien, justement, cette année nous avons invité quelques acheteurs étrangers. Deux sont hollandais, un est belge et trois sont allemands. En tout, avec nos clients habituels et quelques nouveaux clients français, cela fait une trentaine de personnes.
M. Alix:	Excellente idée, mais. . . cela nous crée un problème de place.
Paul Maroger:	Effectivement! C'est pourquoi ma secrétaire a contacté plusieurs hôtels. Nous en avons finalement visité quatre, et sur les quatre il y en a trois qui sont intéressants. . .
M. Alix:	Eh bien, donnez-moi des détails. . .

Conseils pratiques

en + a number   The pronoun *en* is usually inserted when the noun following a number has been omitted: *nous en avons visité quatre* (we have visited four [of them]), *il y en a trois* (there are three [of them]).

an and *année*   *An* is generally used to refer to a year as a point in time, whereas *année* emphasizes duration: *l'an dernier, nous avons acheté une nouvelle machine* (last year we bought a new machine), *cette année, il y a beaucoup de changements* (this year there are a lot of changes); the same goes for other pairs: *jour/journée, matin/matinée, soir/soirée*.

Activités

A   Renforcement

Match one of the French phrases below to the English prompt at the end of each sentence.

vraiment pas assez   quelques acheteurs étrangers

un tout petit peu, merci   oui, énormément

oui trop   beaucoup trop

oui merci, assez   oh oui, plusieurs

une vingtaine de clients   pas beaucoup, je dois dire

1 Ils ont beaucoup de demandes? *(far too many)*

2 Il y a de la place? *(yes thanks, enough)*

3 Voulez-vous de l'eau? *(just a little, please)*

4 Il y a combien de participants? *(20-odd customers and a few foreign buyers)*

5 Y a-t-il des candidats intéressants? *(oh yes, several)*

6 Est-ce qu'elle a du travail en ce moment? *(yes, too much)*

7 Avez-vous des problèmes avec l'ordinateur? *(not many, I must say)*

8 Vous envoyez beaucoup de brochures? *(yes, masses)*

9 Est-ce qu'on vous donne des explications? *(really not enough)*

B   **A votre tour**

Study the diagrams showing how to talk about trends and then, using this vocabulary, comment on the sales chart which follows.

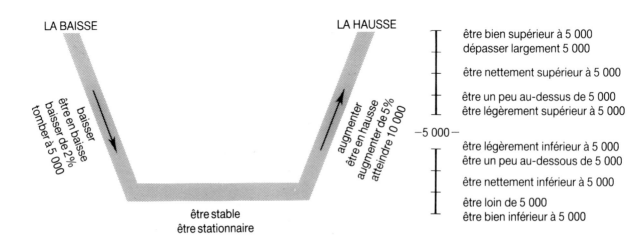

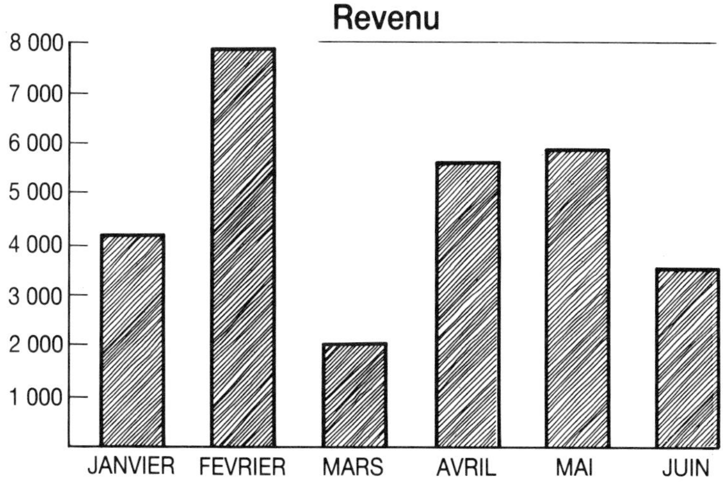

Dialogue 2

Paul Maroger outlines the plans for the February show to Monsieur Alix.

Expressions importantes

En ce qui concerne le programme . . .	*As far as the programme is concerned . . .*
Il est d'accord pour le faire	*He has agreed to do it*
J'espère bien!	*I should hope so!*
C'est quand même son rôle	*After all, it's his job*
L'idéal serait. . .	*The ideal thing would be. . .*
Je crois que oui	*I think so*

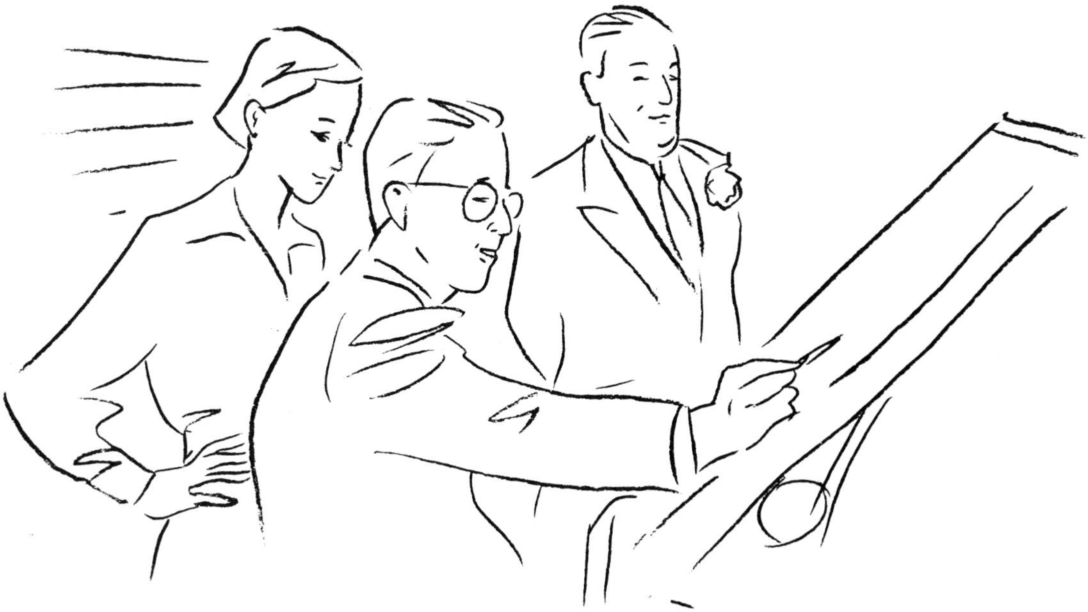

Écoutez le dialogue

Paul Maroger:	Notre objectif pour cette année est d'améliorer notre image de marque sur le marché intérieur, et aussi d'établir notre nom à l'étranger. Notre présentation doit donc être particulièrement soignée et élégante.
M. Alix:	Entièrement d'accord!
Paul Maroger:	En ce qui concerne le programme, il dure une journée. Il comprend une présentation des produits le matin, accompagnée d'une exposition de modèles, et après le déjeuner, un entretien avec Patrick Gillet. Il est d'accord pour le faire.
M. Alix:	J'espère bien! C'est quand même son rôle comme directeur du marketing. Continuez, Maroger.
Paul Maroger:	Pour terminer, il y a une discussion sur les procédures de commande et les délais de livraison. Quatre de nos représentants pensent être disponibles ce jour-là. Je crois que c'est un type de contact utile.
M. Alix:	Pourquoi pas? Cela va permettre aux clients de bien connaître nos produits et d'apprécier notre efficacité.
Paul Maroger:	Ce n'est pas tout. Nous devons aussi faire attention à l'accueil. Certains participants vont arriver le jour précédent, d'autres vont repartir le jour suivant. Leur séjour doit être confortable.
M. Alix:	Mais bien sûr.
Paul Maroger:	Donc, pour résumer, nous cherchons un établissement assez grand pour la présentation et un cadre agréable pour l'accueil. L'idéal serait un seul établissement pour les deux.
M. Alix:	Moi aussi, cela me semble préférable. Vous avez quelque chose en vue?
Paul Maroger:	Je crois que oui. . . Mademoiselle Lambert, vous avez tous les détails, alors je vous laisse la parole.

Conseils pratiques

permettre   Note the construction: *permettre à quelqu'un de faire*, e.g. *cela va permettre aux clients de bien connaître nos produits.*

Activités _____

   A   Renforcement

Listen to the following sentences on the cassette, then change them into the imperative according to the model:

Modèle: Voulez-vous téléphoner à l'hôtel?
Téléphonez à l'hôtel, s'il vous plaît

Nous allons partir tout de suite
Oui, partons tout de suite

1 Voulez-vous féliciter le directeur?

2 Nous allons présenter les modèles

3 Vous pouvez venir me voir demain?

4 Nous allons considérer la situation

5 Vous voulez retourner à l'usine?

6 Nous allons trouver une solution

7 Voulez-vous apporter le café?

8 Nous allons prendre une décision

 B   Renforcement

In the following sentences change the noun in italics into the appropriate pronoun and place it correctly in the phrase.

Modèle: Apportez *les documents*, s'il vous plaît
Apportez-les, s'il vous plaît

N'envoyez pas *notre offre* avant demain
Ne l'envoyez pas avant demain

1 Contactez *sa secrétaire*, s'il vous plaît

2 Ne changez pas *le rendez-vous*

3 Écrivez *à M. Gillet*, s'il vous plaît

4 Ne remplissez pas *cette fiche*

5 Ne livrez surtout pas *la machine* avant 8 heures

6 Établissons *nos conditions*

7 Téléphonez *à nos clients*, s'il vous plaît

8 N'offrez pas le poste *à Monsieur Dumont*

C   A votre tour

At a meeting you are outlining a programme of action. Adapting the vocabulary from the dialogue, make the following points:

● company already well-established in Germany and Italy

● this year's objective therefore to improve penetration in British market

● you've suggested export strategy to marketing director, Gillet, and he agrees

- going to organize show in London in March and second one in Glasgow in April

- but that's not all: going to improve English brochures (you've got someone in mind for this job – your colleague Mr Johnson who's available at the moment and is going to see to it)

- to sum up, it's dynamic strategy for the coming year

Dialogue 3

Sophie Lambert provides details of the three hotels they have visited.

Expressions importantes

Nous avons retenu les noms suivants	*We've shortlisted the following*
Il est à dix minutes d'ici	*It's ten minutes away*
Le restaurant laisse un peu à désirer	*The restaurant leaves something to be desired*
Il en a fait des compliments	*He was very complimentary about it*
Comme vous pouvez en juger	*As you can tell*

Écoutez le dialogue

Sophie Lambert: Nous avons retenu les trois noms suivants: le Caravelle, qui se trouve avenue Charles-de-Gaulle, l'Europa, qui est place de la République, et l'hôtel de la Gare, boulevard de la Paix. Depuis deux ou trois ans, nous utilisons assez souvent l'hôtel de la Gare. Il est très pratique, car il est à dix minutes d'ici. C'est un établissement sérieux, la salle de séminaire est correcte et le prix des chambres est très raisonnable, mais je dois dire que le restaurant laisse un peu à désirer: les heures d'ouverture sont assez limitées, et les menus sont plutôt quelconques.

M. Alix: Et vous pensez que c'est la même chose pour les banquets? Dommage! J'aime bien conserver des contacts réguliers . . . Et les deux autres, alors?

Sophie Lambert: Tous les deux sont à peu près de la même capacité. Le Caravelle a 70 chambres, et l'Europa en a 80. Le Caravelle est peut-être le moins moderne, mais il a beaucoup de caractère, et le personnel y est très sympathique. L'Europa est plus cher que le Caravelle, en fait c'est le plus cher des trois. Mais le service y est excellent. Vous connaissez Monsieur Dupuis, notre fournisseur? Il y a passé trois nuits, et il en a fait des compliments. De plus, à l'Europa, les équipements sont très modernes, et le directeur-adjoint est un vrai spécialiste des séminaires et congrès. Il en organise maintenant depuis quatre ans.

Paul Maroger: Merci, Sophie. Comme vous pouvez en juger, l'Europa présente donc de gros avantages. . .

Conseils pratiques

Addresses   Prepositions and articles are usually omitted before names of streets etc.: *j'habite rue des Remparts* (I live in the rue des Remparts).

Abbreviated names   They take the gender of the noun which has been omitted: *le Caravelle = l'hôtel Caravelle*. This can be important: *une Renault* is a car (*une voiture Renault*), but *un Renault* is a lorry (*un camion Renault*).

connaître   This verb is used of knowing a person or of knowing something by experience: *vous connaissez M. Dupuis* (you know M. Dupuis), *je connais la procédure* (I know the procedure).

Activités

A   Renforcement

Answer the following questions using the pronouns *y* and *en*.

1 Vous allez à Londres bientôt?   (*say you're going there tomorrow and then to Ostend*)

2 A quel hôtel descendez-vous à Londres?   (*the Branksome Hotel – you stay there often*)

3 Et vous avez beaucoup de rendez-vous?   (*oh yes, you've five, in fact you may have seven*)

4 Et vous avez pris des livres sterling à la banque?   (*Yes, you've drawn a lot*)

5 Et des francs belges?   (*say you haven't drawn any, you forgot*)

B   A votre tour

You have been asked to select a restaurant for a business lunch. 'La Pervenche' is not bad, but you think 'Le Périgord' is much better. Make up arguments for and against, selecting phrases as appropriate from the various boxes.

à mon avis	le menu	assez	varié	limité
je trouve que	la carte des vins	tout à fait	impeccable	médiocre
il me semble que	le décor	vraiment	intéressant	cher
je pense que	le service	plutôt	raisonnable	peu rapide
je préfère	les prix	peu	moderne	quelconque

Dialogue 4

Paul Maroger explains how he has overcome the financial disadvantages of the Hotel Europa.

Expressions importantes

Il faut quand même faire attention	*We've got to be careful after all*
Ça revient au même	*It comes to the same thing*
Vous vous débrouillez bien	*You're doing well*

Écoutez le dialogue

M. Alix: Je comprends très bien pourquoi vous préférez l'hôtel Europa, Maroger, mais vous dites vous-même que c'est le plus cher. Pourtant, vous savez bien que nous avons des problèmes de trésorerie en ce moment. Le comptable m'en a encore parlé hier pendant une heure! Alors, il faut quand même faire attention...

Paul Maroger: J'en suis tout à fait conscient. Mais permettez-moi de finir. J'ai négocié avec le directeur-adjoint de l'Europa, Jean Molvau, et il m'a fait une proposition très intéressante: si nous devenons des clients réguliers de l'Europa, et si nous l'utilisons pour des déjeuners d'affaires, en échange nous obtenons un tarif préférentiel pour nos présentations, c'est-à-dire la grande salle pour le prix de la petite!

M. Alix: Je vois... Et dans ces conditions, l'Europa devient avantageux?

Paul Maroger: Attendez, il y a autre chose. Si nous acceptons, Molvau nous fait 10% de réduction sur le prix des chambres sur l'année, ou plutôt il nous donne une chambre gratuite toutes les dix réservations – ça revient au même. Vous comprenez maintenant pourquoi je vous recommande l'Europa.

M. Alix: En effet. Eh bien, d'accord pour l'Europa. Paul, je vous félicite encore une fois, vous vous débrouillez vraiment bien!

Conseils pratiques

savoir   This verb is used of knowing a fact or of knowing something by virtue of having learnt it: *vous savez bien que...* (you know very well that...).

Activités _____

 A   Renforcement

Rearrange the words of the jumbled sentences in the columns below in the correct order. Be careful about the order of the pronouns.

offrons	envoyer	ont	a	pas	vais
lui	vais	ils	en	surtout	leur
les	lui	me	y	le	pas
nous	le	donné	pas	dites	donner
	je	l'	n'	ne	en
			il	leur	ne
					je

B **A votre tour**

How would you say the following in French:

1 If you prefer the latest model, you must confirm the booking now

2 We accept Infotech's offer only if they give us a two-year guarantee

3 If you send me your proposal this week, I'll submit it to the director at the next meeting

4 I can give you a discount of 15% only if you change the date of the conference

5 If you want two overhead projectors, the price goes up by 10%

6 I am prepared to consider a preferential rate only if you undertake to use our services throughout the year

C You are working in a fashion import company in France. A customer leaves an order on your answerphone. Listen to the message on the cassette and fill in the order form below.

BON DE COMMANDE				
Numéro de référence: _____			Date: _____	
Nom: _____			A l'attention de: _____	
Adresse: _____				
Code Postal _____			Ville: _____	
Article	Référence	Quantité	Prix unitaire	Montant
A noter:			TVA	
			Frais de port	
			Total	

D You have been asked to find out the best terms for the reprinting of your company's catalogue. You have obtained the information and you are reporting to the manager. Say that:

- you've received a quotation from Millon & Cie

- M. Millon is giving a good price: 1500F per 1000 catalogues for an order for 10,000 catalogues, less 15% for each further order of 1000 catalogues

- if your company confirms before 15th January, you can have catalogues on 8th February

- this is a particularly fast service

- Millon's chief competitor generally suggests four weeks

- you've checked the quality and it's quite OK

- this is why you recommend giving the order to Millon & Cie

● ●

Faits et chiffres

Les réunions

- Les réunions d'affaires sont en général menées de façon assez formelle, mais ceci peut varier selon la personnalité du président. Des collègues qui se connaissent très bien peuvent s'appeler de nouveau par leur nom de famille (et non par leur prénom) et se dire *vous* (et non *tu*) pendant la réunion. La ponctualité est évidemment très importante.

- Une réunion dans une entreprise française est généralement solidement documentée. Elle comporte un ordre du jour, et si nécessaire, d'autres documents en annexe. Les notes prises pendant la réunion forment la base d'un compte-rendu (appelé aussi *procès-verbal*).

- Dans l'ensemble, le but des réunions est de communiquer des informations et des décisions, et de coordonner différentes activités. Les questions à l'ordre du jour ne sont généralement pas controversées.

Les syndicats

Environ 15% des Français appartiennent à un syndicat, ce qui est comparativement peu en Europe. Les syndicats sont regroupés en unions, fédérations ou confédérations. Les principales sont:

- la CGT (*Confédération générale du travail*): 700 000 membres, influence en baisse, d'inspiration communiste

- la CFDT (*Confédération française démocratique du travail*): environ 900 000 membres, d'inspiration socialiste

- FO (*Force ouvrière*): 1 000 000 de membres, influence en hausse, modérée

- la CGC (*Confédération générale des cadres*): environ 450 000 membres, en majorité des cols blancs

Le CNPF (*Conseil national du patronat français*) représente plus d'un million d'entreprises dans tous les secteurs de l'industrie, du commerce et des services.

Dans la plupart des entreprises en France, on trouve un comité d'entreprise. Ce comité est obligatoire dans toutes les entreprises employant plus de 50 salariés, mais on le trouve aussi dans beaucoup d'entreprises plus petites. Le comité d'entreprise communique à la direction les suggestions du personnel sur différents aspects du travail, et il s'occupe aussi des activités sociales et culturelles.

● ●

Action checklist

Before moving on to Stage 10, make sure that you can:

- handle and present information
- give instructions
- place object pronouns correctly in the sentence

In Stage 10, you will:

- hear people restating terms
- hear people discussing payment
- hear someone finalizing and agreeing a deal
- hear people going through the formalities of departure

- talk about the future
- ask further questions
- use relative pronouns
- practise the imperfect

Préparation

Read the following letter carefully, and then answer the questions.

```
- - - - - - - - - - - - - - - M A S S O N   &   Cie

Objet: votre offre du 12.5.91          Date: 22.5.91

A: Hôtel de la Paix                    De: Masson & Cie (Service
                                           publicité)

A l'attention de: M  J-C Thomas        Votre correspondant: P Foral

Numéro de télécopie:37 12 34 87        Numéro de poste:  302

Nombre total de pages:   1


- - - - - - - - - - - - - - - - - - - - - - - - - - - - - - - - - - -


Monsieur,

Nous vous remercions de votre offre du 12.5.91 et vous confirmons
être d'accord avec votre prix TTC de 11 750 FF. Nous notons que ce
prix est pour 30 participants et que les vins ne sont pas compris.

Par ailleurs, nous vous signalons un léger changement dans notre
programme: le déjeuner doit être reporté à 12 h 45.

Nous vous serions reconnaissants de bien vouloir accuser réception
de cette télécopie.

Avec nos remerciements anticipés et nos sincères salutations,


                    P Foral


                    Masson & Cie
          25 route d'Aussun, 14032 Villeneuve
     Téléphone 26 12 37 01      Télécopie  26 12 38 04
               SARL au capital de 500 000 FF
                   RC Caen 321 123 243F
```

1 To whom is the letter addressed?

2 What is the subject of the letter?

3 What is the writer's extension number?

4 Does the quoted price include tax?

5 What about wine?

6 What change in the programme is mentioned?

7 How was the letter sent?

Dialogue 1

Paul Maroger and his secretary have returned to the hotel in order to confirm the final arrangements for the sales presentation. Madame Bolin checks a few details.

Expressions importantes

C'est bien ça?	*Is that right?*
pas du tout	*not at all*
voyons	*let's see*

🔲 Écoutez le dialogue

Jean Molvau: Je suis très heureux d'apprendre que vous avez accepté notre proposition, et je suis sûr qu'elle sera profitable à nos deux maisons.

Paul Maroger: Je suis persuadé que l'Europa et Jamalex bénéficieront tous les deux de ce projet.

Jean Molvau:	J'aimerais profiter de cette occasion pour faire une dernière mise au point avec vous. Madame Bolin voudrait la confirmation de quelques détails concernant la présentation.
Paul Maroger:	Bien volontiers.
Mme Bolin:	Vous attendez trente participants? C'est bien ça?
Paul Maroger:	En effet, et il y aura également cinq personnes de notre société.
Mme Bolin:	Et vous prévoyez toujours la présentation pour 9h30?
Paul Maroger:	Oui, je crois vraiment que c'est préférable.
Mme Bolin:	Très bien. Maintenant, pour le buffet: il y a peut-être des clients qui sont au régime et qui veulent un menu spécial. Je voudrais savoir combien de personnes. Je sais que c'est difficile, mais . . .
Sophie Lambert:	Pas du tout, ne vous inquiétez pas. J'ajouterai cette question sur l'invitation. Vous voulez ce renseignement combien de jours à l'avance?
Mme Bolin:	Huit jours, si possible.
Sophie Lambert:	Dans ce cas, il n'y a pas de problème.
Mme Bolin:	Et pour le parking, je dois réserver combien de places?
Paul Maroger:	Une vingtaine, je pense. Mais je vais me renseigner et je vous confirmerai.
Jean Molvau:	Voyons, est-ce qu'il y a autre chose? Ah oui. . .

Conseils pratiques

tous les deux (both)   *Tous* is a plural adjective and must agree with the nouns it describes. If both nouns are feminine, then the French for 'both' is *toutes les deux*.

huit jours (a week)   This is because in a typical week from, say, Monday to Monday, Monday is counted twice. Similarly 'a fortnight' is *quinze jours* or *une quinzaine*.

Activités ———————————————————————

 A   Renforcement

You are informing the manager of changes in his diary for next week. Using the future tense, complete the statements by putting the phrases in brackets into French.

Il y a plusieurs changements dans votre agenda pour la semaine prochaine.

1 Monsieur Dumas devait venir mardi à 15 heures, mais [*he will come on Monday at 2 pm*]

2 Vous deviez déjeuner avec Peter Smith mardi: [*in fact, you will have lunch with him on Wednesday and I will book a table at the Périgord restaurant*]

3 Jeudi après-midi, vous étiez libre. [*Now you will have to go to the meeting of the sales representatives*]

4 [*But that way, you will be able to leave earlier on Friday*] L'après-midi était assez chargé, mais avec ces changements [*your last appointment will be at 2.30 pm – that will be Monsieur Faucher*]

5 Autre chose d'important: pendant la semaine [*you will theoretically have the confirmation for the conference*]

B   A votre tour

Here is a note from Madame Bolin to herself about points she wants to check with Sophie Lambert. Using the information in the dialogue, make up the full questions.

> # memo:
>
> questions pour Sophie Lambert!
> - nombre de participants?
> - confirmer heure du début de la présentation: 10h?
> - clients au régime? menu spécial nécessaire?
> - possible d'obtenir ce renseignement dans 15 jours?
> - nombre de places de parking à réserver?

Dialogue 2

Jean Molvau checks further details.

Expressions importantes

bien entendu	*of course*
par contre	*on the other hand*
Il faut un éclairage excellent	*Excellent lighting is necessary*

	Écoutez le dialogue
Jean Molvau:	Je voudrais aussi vérifier la question de l'équipement vidéo. Il faut un projecteur grand écran, je crois?
Paul Maroger:	Oui, c'est bien ça. Et bien entendu, il faut un appareil de très bonne qualité.
Jean Molvau:	Bien entendu. Mais est-ce que vous avez besoin d'équipement spécial pour l'exposition?
Paul Maroger:	Non, nous nous occupons de cela. Par contre, il faut un excellent éclairage, pour mettre en valeur les coloris et les textures.
Jean Molvau:	Je crois que c'est tout . . . Ah non, un dernier détail: je voudrais une confirmation du nombre de participants huit jours à l'avance. J'espère que vous comprenez notre position.
Paul Maroger:	Bien sûr. Mais dites-moi, est-il possible d'augmenter le nombre?
Jean Molvau:	Oui, si vous nous prévenez huit jours à l'avance.
Paul Maroger:	Quel serait le maximum?
Jean Molvau:	Pour la présentation, dix, car la salle Versailles contient 45 personnes. Pour les chambres d'hôtel, cela dépend de la disponibilité.
Paul Maroger:	Et s'il y a moins de participants que prévu? Est-ce qu'il serait possible d'avoir une réduction?
Jean Molvau:	Je regrette, pas après la confirmation. Mais c'est la pratique courante, vous savez.
Paul Maroger:	C'est bien normal.

Conseils pratiques

pas This is often used without *ne* in order to make the immediately following phrase negative: *pas après la confirmation* (not after the confirmation). Note also that *ne* is often omitted before the verb in spoken French: e.g. *je sais pas* instead of *je ne sais pas*.

Activités

 A Renforcement

How would you ask someone in French:

1 What is the current practice?

2 Which plans do you want to discuss?

3 Which advertising campaign do you prefer?

4 Which objective is the most important?

5 What is the problem?

6 What are the different possibilities?

7 What time is it?

8 Which machines are available on the 18th February?

B A votre tour

Match the appropriate apology to each query.

1 Est-ce que je peux avoir 60 jours de délais de paiement?

2 Pouvons-nous réserver la salle Versailles pour le 25?

3 Tout est réglé donc? Je peux compter sur vous?

4 Attention! Nous avons déjà payé, n'est-ce pas?

5 Est-ce que nous pouvons encore augmenter le nombre de participants?

6 Est-il possible d'avoir un rabais de 15%?

a Excusez-moi, mais il me faut une confirmation par écrit

b Je dois avouer que 10% serait plus acceptable

c Je regrette, mais nous avons des problèmes de trésorerie

d Malheureusement pas, c'est trop tard

e Je suis désolé, mais elle est déjà réservée pour cette date

f Oh pardon! J'avais oublié

C A votre tour

Now practise asking and answering the above questions in pairs, following up with one of the reassuring responses below. Note that some will fit better than others.

Dialogue 3

Invoicing and payment arrangements are discussed.

Expressions importantes

Il ne me reste plus qu'une question	*I only have one question left*
Entendons-nous bien	*Let's be quite clear*
Vous prenez à votre charge . . .	*You accept responsibility for . . .*

Écoutez le dialogue

Jean Molvau: Il ne me reste plus qu'une question: la facture. Quelle est votre procédure en ce qui concerne le règlement?

Paul Maroger: C'est très simple. Envoyez la facture à Mademoiselle Lambert. C'est elle qui s'occupe de tout cela. Mais quels sont vos délais de paiement?

Jean Molvau: En général, par retour.

Paul Maroger: Mais entendons-nous bien: il faut deux factures séparées, une pour la présentation, une pour les chambres d'hôtel. Ce n'est pas le même budget.

Jean Molvau: Très bien. Et quelles sont les dépenses que vous prenez à votre charge?

Paul Maroger:	Pour les nuits d'hôtel, nous réglerons le prix des chambres et du petit déjeuner. Mais le client doit payer les autres frais: communications téléphoniques, consommations etc.
Jean Molvau:	Parfait. Eh bien, je crois que cette fois-ci, tout est vraiment réglé. J'espère que, pour fêter cela, vous me permettrez de vous inviter à déjeuner dans notre restaurant?
Paul Maroger:	Avec grand plaisir!

Activités

A   Renforcement

Insert the appropriate relative pronoun *qui* or *que* in the sentences below.

1 Le choix .... vous faites est très important

2 Quel est le nom du fournisseur .... vient de téléphoner?

3 Vous connaissez les clients .... viennent demain?

4 Voici les conditions .... je vous propose

5 Quels sont les frais .... vous acceptez de payer?

6 Ce sont nos clients .... nous le proposent

7 C'est une décision .... je regrette

8 Vous pouvez expédier le document .... est sur mon bureau?

B   Renforcement

Insert the appropriate pronouns *ce qui* or *ce que* in the sentences below.

1 Vous savez .... est arrivé hier?

2 Dites-lui .... vous voulez!

3 J'ai trouvé .... elle cherche

4 J'ai oublié .... il a dit

5 Je ne sais pas .... ils en pensent

6 .... met en valeur les coloris, c'est l'éclairage

7 Il veut savoir .... nous comptons faire

8 Ils ne comprennent pas .... va changer

C   A votre tour

You are in a meeting with a supplier and have just been handed this urgent reminder. Give your supplier the appropriate instructions regarding the invoice he will be sending you. Try to incorporate the following phrases:

- je voudrais attirer votre attention sur . . .
- veuillez envoyer . . .
- d'habitude, nous . . .
- il serait plus simple d'envoyer . . .
- en effet . . .

MASSON & Cie

Procédure de paiement:

– envoyer factures au comptable (M. Noiret)

– 2 exemplaires, s.v.p.

– délais de paiement: à 30 jours

– facture séparée pour rétroprojecteurs
  (utilisés par service marketing)

Dialogue 4

Paul Maroger and his secretary say goodbye and leave the hotel.

Expressions importantes

Nous avons fait le bon choix	*We have made the right choice*
J'en suis ravi	*I'm delighted*
comme convenu	*as agreed*
Ne vous dérangez pas	*Don't put yourself out*
soyez assuré	*rest assured*
Nous ferons tout notre possible	*We shall do everything possible*

Écoutez le dialogue

Paul Maroger: Je suis maintenant absolument convaincu que nous avons fait le bon choix: ce déjeuner était vraiment excellent.

Jean Molvau: J'en suis ravi.

Paul Maroger: Vous m'envoyez des exemplaires de votre nouvelle brochure la semaine prochaine, comme convenu?

Jean Molvau:	Comptez sur moi! Dites-moi, vous êtes venu en voiture, ou voulez-vous que je vous commande un taxi?
Paul Maroger:	Non, non, merci, je suis en voiture, je suis garé juste devant l'hôtel.
Sophie Lambert:	Malheureusement, ma voiture est encore au bureau.
Paul Maroger:	Je ne rentre pas directement au bureau, mais je peux vous déposer, si vous voulez.
Sophie Lambert:	Oh, ne vous dérangez pas, je vais prendre un taxi.
Paul Maroger:	Mais ça ne me dérange pas, je vous assure.

Jean Molvau:	Voici votre manteau, Mademoiselle Lambert.
Sophie Lambert:	Merci.
Paul Maroger:	Eh bien, il ne me reste plus qu'à vous remercier tous les deux pour toute votre aide. Vous nous avez beaucoup facilité le travail.
Jean Molvau:	Soyez assuré que nous ferons tout notre possible pour vous satisfaire. A bientôt!
Paul Maroger:	Au revoir, et merci encore.

Conseils pratiques

le bon choix (the right choice)   Note that *bon*
and *mauvais* can also mean 'right' and 'wrong'.

Activités

A   Renforcement

In the following sentences at least one of the verbs has been
omitted. Fill in the gaps, being careful to select both the
correct tense and the correct person of the verb.

1 Il (*être*) à l'hôtel quand j'ai téléphoné

2 Le programme était déjà fixé, mais il y (*avoir*) un
changement de dernière minute

3 Je (*avoir*) un après-midi très chargé, mais le directeur m'a
demandé d'aller à la réunion

4 Elle était très occupée, mais elle (*accepter*) de me parler

5 Notre produit était très bien implanté quand la crise
(*arriver*)

6 La soirée (*être*) très agréable, mais j'ai dû partir à minuit

7 Je (*être*) en retard, alors je (*prendre*) un taxi

8 Quand je (*arriver*), il (*être*) cinq heures

B   A votre tour

You have been on a guided tour of a French factory and you
wish to express your thanks to the host company at the end of
your visit. Say:

1 You thank them for their welcome

2 Your visit was extremely interesting, you spoke to many
employees, everybody was very friendly

3 You are absolutely convinced that the new project will be
excellent

4 They must rest assured that you will do everything you can
to help them

5 Once again, thank you

C On the cassette you will hear someone giving the details of a hotel bill. Write down the figures in the appropriate places on the bill below.

HOTEL EUROPA

PLACE DE LA REPUBLIQUE
17000 LA ROCHELLE

M _____ Chambre No _____

Date: _____

PRESTATIONS		QUANTITÉ	PRIX UNITAIRE	MONTANT
Chambre	1 personne 2 personnes			
Petit déjeuner				
Déjeuner				
Dîner				
Consommations (bar)				
Divers				
Net à payer				
Prix Nets				

D M. Laurent is saying goodbye to M. Grenier after a meeting. Using the guidelines below, practise in pairs the necessary formalities.

M. Laurent: Say that you think everything is finally settled

M. Grenier: Say that you think so too. Apologize and say that you must go back to your office now

M. Laurent: Say that it only remains for you to thank M. Grenier for his help

M. Grenier: Thank M. Laurent in return

M. Laurent: Ask if you can call a taxi

M. Grenier: Explain that you came by car and that you are parked just behind the station

M. Laurent: Offer coat

M. Grenier: Say thank you. Assure M. Laurent that your company will do everything possible to reach the objectives

M. Laurent: Say thank you and say that you will see M. Grenier out

● ●

Faits et chiffres

Les Chambres de Commerce et d'Industrie (CCI) _____

- Il en existe 153 en France au niveau local, et 21 au niveau régional.

- Le rôle des CCI en France est très important. Une CCI peut fournir des statistiques sur l'économie locale à partir de sa banque de données, elle peut donner des conseils sur l'implantation géographique d'une nouvelle entreprise, favoriser des contacts ou remplir la fonction de conseiller juridique.

- Les CCI ont des ressources financières assez considérables. Un cinquième de ces ressources provient de taxes locales. D'autres revenus proviennent des activités professionnelles des CCI, par exemple l'administration d'entrepôts, de zones portuaires ou d'aéroports.

- Enfin, les CCI ont une fonction éducative. Elles participent à la gestion d'établissements d'études commerciales, par exemple une vingtaine d'écoles supérieures de commerce en province, ou la prestigieuse École des Hautes Études Commerciales à Paris.

La France dans la CEE _____

La France a beaucoup contribué à la création de la Communauté Économique Européenne. Aujourd'hui, elle envoie à Strasbourg 81 députés européens – le même nombre que l'Allemagne, l'Italie et la Grande-Bretagne. Le 31 décembre 1992 à minuit, l'Europe deviendra encore plus étroitement liée et le Marché unique sera officiellement une réalité. Les Anglais l'appellent '1992', mais les Français en parlent, avec une certaine logique, comme de '1993'!

L'Europe des Douze

l'Allemagne	Bonn	un Allemand une Allemande	l'allemand
la Belgique	Bruxelles	un Belge une Belge	le français le flamand
le Danemark	Copenhague	un Danois une Danoise	le danois
l'Espagne (f)	Madrid	un Espagnol une Espagnole	l'espagnol
la France	Paris	un Français une Française	le français
la Grèce	Athènes	un Grec une Grecque	le grec
l'Italie (f)	Rome	un Italien une Italienne	l'italien
l'Irlande (f)	Dublin	un Irlandais une Irlandaise	le gaélique l'anglais
le Luxembourg	Luxembourg	un Luxembourgeois une Luxembourgeoise	le luxembourgeois
le Portugal	Lisbonne	un Portugais une Portugaise	le portugais

les Pays-Bas	Amsterdam	un(e) Néerlandais(e)	le néerlandais
		un(e) Hollandais(e)	
le Royaume-Uni	Londres	un(e) Britannique*	l'anglais

* Les Français disent souvent 'l'Angleterre' pour 'la Grande-Bretagne' et 'anglais' pour 'britannique'.

N.B.	l'Angleterre	Londres	un(e) Anglais(e)
	le Pays de Galles	Cardiff	un(e) Gallois(e)
	l'Écosse	Édimbourg	un(e) Écossais(e)
	l'Irlande du Nord	Belfast	un(e) Irlandais(e) (du Nord)

● ●

Action checklist

> You have now completed all of the stages in the book and are ready to move on to a more advanced level.
>
> Félicitations et bonne chance!

Liste des départements

01 Ain
02 Aisne
03 Allier
04 Alpes-de-Haute-Provence
05 Alpes (Hautes-)
06 Alpes-Maritimes
07 Ardèche
08 Ardennes
09 Ariège
10 Aube
11 Aude
12 Aveyron
13 Bouches-du-Rhône
14 Calvados
15 Cantal
16 Charente
17 Charente-Maritime
18 Cher
19 Corrèze
20A Corse-du-Sud
20B Haute-Corse
21 Côte-d'Or
22 Côtes-d'Armor
23 Creuse
24 Dordogne
25 Doubs
26 Drôme
27 Eure
28 Eure-et-Loir
29 Finistère
30 Gard
31 Garonne (Haute-)

32 Gers
33 Gironde
34 Hérault
35 Ille-et-Vilaine
36 Indre
37 Indre-et-Loire
38 Isère
39 Jura
40 Landes
41 Loir-et-Cher
42 Loire
43 Loire (Haute-)
44 Loire-Atlantique
45 Loiret
46 Lot
47 Lot-et-Garonne
48 Lozère
49 Maine-et-Loire
50 Manche
51 Marne
52 Marne (Haute-)
53 Mayenne
54 Meurthe-et-Moselle
55 Meuse
56 Morbihan
57 Moselle
58 Nièvre
59 Nord
60 Oise
61 Orne
62 Pas-de-Calais
63 Puy-de-Dôme

64 Pyrénées-Atlantiques
65 Pyrénées (Hautes-)
66 Pyrénées-Orientales
67 Rhin (Bas-)
68 Rhin (Haut-)
69 Rhône
70 Saône (Haute-)
71 Saône-et-Loire
72 Sarthe
73 Savoie
74 Savoie (Haute-)
75 Paris
76 Seine-Maritime
77 Seine-et-Marne
78 Yvelines
79 Sèvres (Deux)
80 Somme
81 Tarn
82 Tarn-et-Garonne
83 Var
84 Vaucluse
85 Vendée
86 Vienne
87 Vienne (Haute-)
88 Vosges
89 Yonne
90 Territoire de Belfort
91 Essonne
92 Hauts-de-Seine
93 Seine-St-Denis
94 Val-de-Marne
95 Val-d'Oise

Liste des régions avec leur siège

Alsace	(Strasbourg)	Ile-de-France	(Paris)
Aquitaine	(Bordeaux)	Languedoc-Roussillon	(Montpellier)
Auvergne	(Clermont-Ferrand)	Limousin	(Limoges)
Basse-Normandie	(Caen)	Lorraine	(Metz)
Haute-Normandie	(Rouen)	Midi-Pyrénées	(Toulouse)
Bourgogne	(Dijon)	Nord	(Lille)
Bretagne	(Rennes)	Pays de la Loire	(Nantes)
Centre	(Orléans)	Picardie	(Amiens)
Champagne-Ardenne	(Châlons-sur-Marne)	Poitou-Charentes	(Poitiers)
Corse	(Ajaccio)	Provence-Côte d'Azur	(Marseille)
Franche-Comté	(Besançon)	Rhône-Alpes	(Lyon)

Key phrases

Numbers in brackets indicate the Stage in which the phrase first appears.

1 Socializing

Introductions

How to introduce oneself

Je suis Paul Thomas (2)/   *My name is Paul Thomas*
  je m'appelle Paul Thomas (2)

Je suis Paul Thomas de la   *I'm Paul Thomas from*
  société Multiplan (2)   *Multiplan*

Permettez-moi de me   *Allow me to introduce myself*
  présenter (2)

Voici ma carte (2)   *Here is my card*

How to introduce someone else

Voici Mlle Anne Roger (2)/   *This is Miss Anne Roger*
  je vous présente Mlle Anne
  Roger (2)

Permettez-moi de vous   *Allow me to introduce Anne*
  présenter Anne Roger.   *Roger. Anne is . . .*
  Anne est . . . (2)

Permettez-moi de faire les   *Allow me to make the*
  présentations (2)   *introductions*

How to respond

Enchanté de faire votre   *Pleased to meet you*
  connaissance/enchanté (2)

Très heureux de faire votre   *Delighted to meet you*
  connaissance (de vous
  rencontrer) (2)

Courtesies and small talk

Initial contact

Je peux vous aider? (1)   *Can I help you?*

Asseyez-vous, je vous   *Please sit down*
  en prie (3)

Asseyez-vous donc (3)   *Do sit down*

Si vous voulez bien vous   *If you would like to take a seat*
  asseoir (3)

Courtesies and recommendations

Je voudrais . . . (1)	*I'd like . . .*
Si vous voulez bien (6)	*If you don't mind*
Permettez-moi de . . . (3)	*Allow me to . . .*
N'oubliez pas de . . . (5)	*Don't forget to . . .*
Je compte sur vous pour . . . (5)	*I'm relying on you to . . .*
Merci (beaucoup) (1)	*Thank you (very much)*
Je vous remercie (9)	*Thank you*

Eating out _____

J'ai réservé une table (8)	*I've reserved a table*
Nous pouvons commander (8)	*We can order*
Nous voudrions voir le menu (8)	*We'd like to see the menu*
Que prenez-vous? (8)	*What will you have?*

Talking about time _____

Je suis pris/je suis occupé (5)	*I'm busy*
J'ai une journée chargée (5)	*I have a busy day*
J'ai quelque chose de prévu (5)	*I have something planned*
C'est pressé/c'est urgent (5)	*It's urgent*
J'ai un changement de programme (8)	*I have a change of programme*
Je suis disponible (8)	*I am available*
Je vous retrouve à . . . (8)	*I'll meet you in . . .*

Apologizing _____

Excusez-moi (2)	*Excuse me*
Je suis désolé (2)	*I am sorry*
Je suis vraiment désolé (2)	*I'm so sorry*
Oh pardon! (2)	*Sorry!*
Si vous voulez bien m'excuser (3)	*If you will kindly excuse me*
Excusez-moi de vous interrompre, mais . . . (3)	*Forgive me for interrupting you, but . . .*
Je regrette (10)	*I'm sorry*

How to respond

Je vous en prie (2)	*That's all right/don't mention it*
Ce n'est pas grave/ça ne fait rien (2)	*It doesn't matter/no harm done*
Ça n'a pas d'importance (2)	*It's of no importance*
C'est bien normal (10)	*It's quite natural*
Ne vous inquiétez pas (10)	*Don't worry*

Congratulating

Je vous félicite (9)	*I congratulate you*
Mes félicitations! (9)	*Congratulations!*
Bravo! (9)	*Well done!*
Excellente idée! (9)	*An excellent idea!*

2 Meetings

Procedure

Passons à notre affaire (3)	*Let's move on to the business in hand*
Je crois que nous pouvons commencer (6)	*I think we can begin*
Comment voulez-vous procéder? (3)	*How do you want to proceed?*
Je vous propose la chose suivante (3)	*I suggest the following*
Je crois que nous pouvons continuer (3)	*I think we can continue*
La première question qui nous intéresse, c'est . . . (6)	*The first item of interest is . . .*
Passons maintenant à . . . (6)	*Now let's move on to . . .*
Est-ce que nous avons terminé? (6)	*Have we finished?*
Y a-t-il autre chose? (6)	*Is there anything else?*

Eliciting information

Voulez-vous me donner . . . ? (1)	*Would you give me . . . ?*
Que dois-je faire? (1)	*What should I do?*
Dites-moi, . . . (3)	*Tell me, . . .*
J'ai besoin d'un renseignement (5)	*I need some information*
Est-ce qu'il y a du nouveau? (6)	*Is there any news?*
Où en sommes-nous? (6)	*How far have we got?*
Mettez-nous au courant (6)	*Put us in the picture*
Donnez-moi des détails (9)	*Give me some details*
Pouvez-vous préciser . . . ? (3)	*Can you specify . . . ?*
Je voudrais quelques précisions (4)	*I would like a few details*
J'ai une question à ce sujet (4)	*I have a question about that*
Je voudrais vérifier . . . (3)	*I'd like to check*

Providing information

Il y a . . . (1)	*There is/are . . .*
Voici . . . (1)	*Here is/are . . .*

C'est . . . (1)	*It is . . .*
Permettez-moi de vous expliquer la situation (3)	*Allow me to explain the situation to you*

Asking for opinions

Qu'en pensez-vous? (6)	*What do you think?*
Je voudrais votre opinion sur . . . (8)	*I would like your opinion about . . .*
J'aimerais connaître votre réaction à . . . (8)	*I would like to have your reaction to . . .*
Cela vous convient? (1)	*Is that OK with you?*
Vous êtes bien sûr? (3)	*You're quite sure?*
Pouvez-vous suggérer . . . ? (6)	*Can you suggest . . . ?*
Vous avez une idée? (5)	*Have you an idea?*
Dites-moi franchement . . . (8)	*Tell me frankly . . .*

Providing opinions

J'ai une suggestion (6)	*I have a suggestion*
Je suggère un compromis (6)	*I propose a compromise*
C'est intéressant (1)	*It's interesting*
Personnellement, je trouve que . . . (6)	*Personally, I think that . . .*
Le mieux serait . . . (3)	*The best thing would be . . .*
C'est exactement mon avis (8)	*That's exactly what I think*

3 Presentations

General

Bonjour, mesdames, bonjour, messieurs	*Good morning, ladies and gentlemen*
Aujourd'hui je voudrais vous parler de . . .	*Today I would like to tell you about . . .*
Permettez-moi de me présenter: je suis . . .	*Let me introduce myself: I am . . .*
Je commencerai par vous expliquer . . .	*I shall first explain . . .*
Puis, je mentionnerai . . .	*Then I shall mention . . .*
Et enfin, je vous parlerai de . . .	*And finally I shall tell you about . . .*
J'espère vous montrer ainsi que . . .	*Thus I hope to show you that . . .*

Prioritising

d'abord (3)	*first of all*
puis (3)	*then*
ensuite (3)	*next*
enfin (3)	*finally*

alors (3)	*so/then*
de plus (4)	*furthermore*
Commençons donc par . . .	*Let us therefore begin with/by . . .*
Passons maintenant à . . .	*Let us now move on to . . .*
Pour terminer . . . (9)	*To conclude . . .*
en ce qui concerne . . . (9)	*as far as . . . is concerned*
à ce propos (9)	*(while) on this subject*
en effet (4)	*indeed*
en fait (4)	*in fact*
comme vous pouvez en juger (9)	*as you can tell*
pour résumer (9)	*to sum up*

4 Negotiating

Marking stages

C'est au sujet de . . . (5)	*It's about . . .*
Comme vous le savez probablement (4)	*As you probably know*
Comme vous voyez (4)	*As you can see*
Comme je l'ai dit, . . . (7)	*As I said, . . .*
Mettons les choses au point (7)	*Let's be clear about things*
Considérons la situation différemment (7)	*Let's look at things another way*
J'attire votre attention sur . . . (4)	*I would like to draw your attention to . . .*
Voici ce que je vous propose (7)	*This is what I suggest*
Vous voyez ce que je veux dire? (4)	*Do you see what I mean?*
Pouvez-vous préciser? (4)	*Can you be specific?*
Je crois que nous avons examiné l'essentiel (4)	*I think we have looked at the main point(s)*
J'attends votre proposition (4)	*I await your proposal*
Cela présente de gros avantages (9)	*That offers enormous advantages*
Ça revient au même (9)	*That amounts to the same thing*

Presenting a point of view

Je vois que . . . (4)	*I see that . . .*
Je pense que . . . (4)	*I think that . . .*
Je reconnais que . . . (7)	*I recognize that . . .*
Je dois reconnaître que . . . (4)	*I must admit that . . .*
Je suis très heureux de . . . (10)	*I am very happy to . . .*
Je suis sûr que . . . (10)	*I am sure that . . .*
Je suis absolument convaincu que . . . (10)	*I am absolutely convinced that . . .*

| Vous comprenez la situation, j'espère? (7) | *You understand the situation, I hope?* |

Agreeing

Expressing agreement

d'accord (1)	*OK*
très bien (1)	*very well*
bien sûr (1)/bien entendu (4)	*of course*
certainement (1)	*certainly*
exactement (4)	*exactly*
en effet (4)/effectivement (8)	*indeed*
tout à fait! (3)	*oh quite!*
volontiers (3)	*gladly*
avec plaisir (3)	*with pleasure*
tout de suite (3)	*straightaway*
aucun problème (3)/il n'y a pas de difficulté (3)	*no problem*
parfait (3)	*fine*
Cela me convient (3)	*That suits me*
Je comprends très bien (7)	*I understand very well*
Je pense que oui (4)	*I think so*

Confirming

C'est vrai (1)	*That's true*
C'est juste (8)	*That's right*
C'est ça (9)	*That's right*
Tant mieux! (5)	*Good!*
C'est une bonne idée (5)	*It's a good idea*
C'est préférable (10)	*That would be better*
Comptez sur moi (10)	*You can rely on me*
Ne vous inquiétez pas (10)	*Don't worry*
Ne vous dérangez pas (10)	*Don't put yourself out*
La question est réglée (7)	*The matter is settled*

Positive responses

C'est une proposition intéressante (7)	*It's an interesting proposal*
Cela semble raisonnable (7)	*That seems reasonable*
Cela a l'avantage de . . . (7)	*That has the advantage of . . .*
Cela correspond à nos besoins (4)	*That meets our needs*
Nous sommes prêts à . . . (7)	*We are prepared to . . .*
Je veux bien faire un geste (7)	*I'm willing to make a gesture*
Nous pouvons arriver à un accord (7)	*We can reach an agreement*
Il y a une possibilité d'entente (7)	*An agreement looks possible*

Il ne me reste plus qu'à . . . (10)	*It only remains for me to . . .*
Soyez assuré que . . . (10)	*Rest assured that . . .*

Disagreeing

C'est ça, le problème! (1)	*That's the problem!*
Le seul problème, c'est que . . . (5)	*The only problem is that . . .*
Vous oubliez une chose . . . (7)	*You are forgetting one thing . . .*
C'est beaucoup demander (7)	*That's asking a lot*
Dommage! (9)	*Pity!*

Expressing doubt

Je ne vois pas où vous voulez en venir (7)	*I don't see what you're driving at*
Je ne vois pas le rapport (7)	*I can't see the connection*
Je ne pourrais pas vous répondre exactement (7)	*I couldn't give you an exact answer*
Je suis d'accord sur le principe, mais . . . (7)	*I agree in principle, but . . .*

5 Telephoning

Here is a list of the most common phrases used in business telephone conversations. Note that the same courtesy rules about forms of address apply on the telephone, although a little less rigidly so. The symbol * indicates the phrases you are most likely to have to use yourself, as opposed to merely understanding.

Making contact

allô, société . . . , bonjour (5) à votre service j'écoute (5)	*Hello, can I help you?*
* bonjour, monsieur/madame/ mademoiselle	*good morning, good afternoon etc.*

Identifying oneself or others

* Je m'appelle . . . , de la société . . . (5)	*My name is . . . from . . .*
* C'est . . . à l'appareil (5)	*It's . . . speaking*
* Ici . . . (5)	*This is . . .*
C'est quel nom, s'il vous plaît? (5)	*What name is it please?*
C'est de la part de qui? (5)	*Who's speaking?*
C'est quel numéro de poste? (5)	*What extension is it?*

Requesting

C'est à quel sujet? (1)	*What's it about?*
Vous désirez? (2)	*Can I help you?*
* Je voudrais parler à . . . (5)	*I would like to speak to . . .*
* Est-ce que je pourrais parler à . . . ? (5)	*Could I speak to . . . ?*
* Je voudrais un rendez-vous avec . . . (5)	*I would like an appointment with . . .*
* J'ai besoin d'un renseignement (5)	*I need some information*

Sorting things out

Ne quittez pas (5)	*Hold the line*
Un instant, je vérifie (5)	*One moment while I check*
Je vous le passe (5)	*Putting you through*
Je suis désolé(e), M. . . .	*I'm sorry, Mr . . .*
n'est pas là (5)	*is not here*
est occupé (5)	*is busy*
est en réunion (5)	*is at a meeting*
est en déplacement (5)	*is away on business*
* Quand est-ce que je peux le contacter? (5)	*When can I get in touch with him?*
* Est-ce que je peux laisser un message? (5)	*Can I leave a message?*
* Je vais rappeler demain (5)	*I'll call again tomorrow*

Coming to an agreement

Cela vous convient? (5)/cela vous arrange? (8)	*Does that suit you?*
* C'est possible (5)	*That's possible*
* Nous disons donc . . . (5)	*So we are saying . . .*
* Je répète (5)	*I repeat*
C'est noté (5)	*I've made a note*
* Entendu (5)	*Agreed*

Ringing off

* Merci beaucoup (5)	*Thank you very much*
* Je vous remercie (5)	*Thank you*
* Au revoir, monsieur/madame/ mademoiselle (5)	*Goodbye*

When there are problems

* Excusez-moi, j'entends mal	*I'm sorry, I can't hear very well*
* La ligne est mauvaise	*It's a bad line*
* On nous a coupés	*We were cut off*
* Pouvez-vous parler plus lentement, s'il vous plaît?	*Can you speak more slowly please?*

* Pouvez-vous répéter, s'il vous plaît? — *Can you repeat that please?*

* Pouvez-vous épeler, s'il vous plaît? — *Can you spell that please?*

Grammar

Nouns

1 Gender of nouns: definite and indefinite articles

All nouns in French have a specific gender, either masculine or feminine. Since it is often impossible to tell from the form of the noun whether it is masculine or feminine, it is important to learn the noun with its gender by learning the appropriate definite article (*le* or *la* – equivalent to 'the') or indefinite article (*un* or *une* – equivalent to 'a' or 'an').

masculine:	**le** participant	**un** rendez-vous
	le problème	**un** nom
feminine:	**la** salle	**une** réponse
	la brochure	**une** personne

If a noun in French begins with *a, e, i, o, u*, or with a silent *h*, then there is only one form of the definite article (*l'*) and it is used for both masculine and feminine nouns.

masculine: **l'**étage   feminine: **l'**adresse
              l'hôtel   **l'**heure

2 Plural of nouns

The usual way of making a noun plural is to add 's', although the final 's' is rarely pronounced.

deux brochure**s**   trois adresse**s**

3 Plural of definite articles (*le, la, l'*) and indefinite articles (*un, une*)

The plural of all three forms of the definite article is *les*.

singular	*plural*
le modèle	**les** modèles
la salle	**les** salles
l'hôtel	**les** hôtels

The plural of both forms of the indefinite article is *des*.

un étage   **des** étages
une heure   **des** heures

Verbs

4 Regular verbs

Most verbs in French are regular, that is they follow a predictable pattern and fall into one of several groups of similar verbs.

Verbs in -er, e.g. téléphoner

The largest group contains the -er verbs. If you are talking about the present time, the forms of the typical -er verb *téléphoner* are:

je	téléphon**e**	*I telephone*
tu	téléphon**es**	*you telephone*
il/elle	téléphon**e**	*he/she telephones*
nous	téléphon**ons**	*we telephone*
vous	téléphon**ez**	*you telephone*
ils/elles	téléphon**ent**	*they telephone*

NOTE 1   In French there is only one present tense and it may therefore have the meanings of both the English present tense (*I telephone*) and the English present continuous (*I am telephoning*).
NOTE 2   All French verbs whose infinitive ends in -er are regular, with the exception of *aller* (to go).

Verbs in -ir, e.g. finir

The verb *finir* is a regular verb and it belongs to a group of verbs whose infinitive ends in -ir. The forms of the present tense are:

je	fin**is**	*I finish*
tu	fin**is**	*you finish*
il/elle	fin**it**	*he/she/it finishes*
nous	fin**issons**	*we finish*
vous	fin**issez**	*you finish*
ils/elles	fin**issent**	*they finish*

Verbs in -re, e.g. attendre

The verb *attendre* belongs to the third and final group of regular verbs in French, whose infinitive ends in -re. The forms of the present tense are:

j'	attend**s**	*I wait*
tu	attend**s**	*you wait*
il/elle	attend	*he/she/it waits*
nous	attend**ons**	*we wait*
vous	attend**ez**	*you wait*
ils/elles	attend**ent**	*they wait*

NOTE   Not all verbs whose infinitive ends in -ir or -re are regular.

5 Irregular verbs

The verbs *être* (to be) and *avoir* (to have)

Like a number of other verbs in French, *être* and *avoir* are irregular, which means that they do not follow a predictable pattern. The forms of the present tense are:

être			**avoir**		
je	**suis**	*I am*	j'	**ai**	*I have*
tu	**es**	*you are*	tu	**as**	*you have*
il/elle	**est**	*he/she/it is*	il/elle	**a**	*he/she/it has*
nous	**sommes**	*we are*	nous	**avons**	*we have*
vous	**êtes**	*you are*	vous	**avez**	*you have*
ils/elles	**sont**	*they are*	ils/elles	**ont**	*they have*

The verbs *pouvoir, vouloir* and *devoir*

The forms of the present tense are:

pouvoir (can, be able)		**vouloir** (want, wish)		**devoir** (must)	
je	**peux**	je	**veux**	je	**dois**
tu	**peux**	tu	**veux**	tu	**dois**
il/elle	**peut**	il/elle	**veut**	il/elle	**doit**
nous	**pouvons**	nous	**voulons**	nous	**devons**
vous	**pouvez**	vous	**voulez**	vous	**devez**
ils/elles	**peuvent**	ils/elles	**veulent**	ils/elles	**doivent**

These verbs are usually used with the infinitive of another verb in order to complete an expression.

Je **peux** envoyer une télécopie?
Voulez-vous fixer un rendez-vous?
Nous **devons** partir maintenant

6 Reflexive verbs

A number of verbs in French have an extra pronoun between the subject and the verb. This pronoun always refers back to the subject, e.g. *s'appeler* (to be called, lit. to call oneself).

je	**m'**appelle	nous	**nous** appelons
tu	**t'**appelles	vous	**vous** appelez
il/elle	**s'**appelle	ils/elles	**s'**appellent

7 Talking about the future (1)

In order to say what is going to happen in the immediate future, the present tense of *aller* is used, followed by the infinitive of the verb concerned. This corresponds to the English structure 'to be going to do'.

Je **vais** prévenir M. Molvau *I'll inform M. Molvau*
Nous **allons** communiquer le *We'll pass on the message*
 message
Il **va** vérifier   *He'll check*

8 Talking about the future (2) _____

Regular verbs

The future tense of most verbs in French is formed by adding the endings of the present tense of the verb *avoir* to the infinitive of the verb concerned.

je	téléphoner**ai**	je	finir**ai**
tu	téléphoner**as**	tu	finir**as**
il/elle	téléphoner**a**	il/elle	finir**a**
nous	téléphoner**ons**	nous	finir**ons**
vous	téléphoner**ez**	vous	finir**ez**
ils/elles	téléphoner**ont**	ils/elles	finir**ont**

If the infinitive ends in -*e*, the -*e* is dropped before the future endings: *j'attendrai, nous attendrons,* etc.

Irregular verbs

Although all verbs in French take the same future endings, some do not add them to the infinitive but to an irregular stem.

être	je **ser**ai	pouvoir	je **pourr**ai
avoir	j'**aur**ai	vouloir	je **voudr**ai
faire	je **fer**ai	devoir	je **devr**ai
savoir	je **saur**ai	voir	je **verr**ai
aller	j'**ir**ai	recevoir	je **recevr**ai
venir	je **viendr**ai	il faut	il **faudr**a

9 Talking about the past (1) _____

In English, when you want to talk about something which has happened in the past, you can use the verb 'to have' and the past participle of the appropriate verb, for example, 'I *have seen*', 'they *have given*' etc. French basically works in the same way, although there are some differences. This form of the verb is called the perfect tense.
Note that English has two ways of talking about what has already happened, for example, *j'ai téléphoné* means both 'I have telephoned' and 'I telephoned'.

Regular verbs

Most verbs in French form their perfect tense by taking the present tense of the verb *avoir* with the past participle of the verb concerned.

j'	**ai**	téléphoné	nous	**avons**	téléphoné
tu	**as**	téléphoné	vous	**avez**	téléphoné
il/elle	**a**	téléphoné	ils/elles	**ont**	téléphoné

The past participle of the regular -er verb *téléphoner* is *téléphoné* and all -er verbs form their past participle in the same way.
Verbs in the -ir and -re groups form their past participle differently.

j'	ai	**fini**	j'	ai	**attendu**
tu	as	**fini**	tu	as	**attendu**
il/elle	a	**fini**	il/elle	a	**attendu**
nous	avons	**fini**	nous	avons	**attendu**
vous	avez	**fini**	vous	avez	**attendu**
ils/elles	ont	**fini**	ils/elles	ont	**attendu**

Irregular verbs

Irregular verbs are unpredictable in the way they form their past participle. Here is a list of the commoner irregular verbs with their past participles.

avoir (*to have*)	j'ai **eu**	mettre (*to put*)	j'ai **mis**
connaître (*to know*)	j'ai **connu**	offrir (*to offer*)	j'ai **offert**
croire (*to believe*)	j'ai **cru**	ouvrir (*to open*)	j'ai **ouvert**
devoir (*must*)	j'ai **dû**	pouvoir (*to be able*)	j'ai **pu**
dire (*to say*)	j'ai **dit**	prendre (*to take*)	j'ai **pris**
écrire (*to write*)	j'ai **écrit**	recevoir (*to receive*)	j'ai **reçu**
être (*to be*)	j'ai **été**	savoir (*to know*)	j'ai **su**
faire (*to do, make*)	j'ai **fait**	voir (*to see*)	j'ai **vu**
lire (*to read*)	j'ai **lu**	vouloir (*to wish*)	j'ai **voulu**

Verbs using *être*

Some verbs use *être* instead of *avoir* in order to form the perfect tense. The main group consists of about a dozen verbs whose common feature is that, in most cases, they do not take an object.

je	**suis**	allé(e)	nous	**sommes**	allé(e)s
tu	**es**	allé(e)	vous	**êtes**	allé(e)(s)
il	**est**	allé	ils	**sont**	allés
elle	**est**	allée	elles	**sont**	allées

One very important difference between this group of verbs and those which take *avoir* is that the past participle (e.g. *allé*) is treated as an adjective which describes the subject of the verb. This means that the past participle must agree with the noun or pronoun which is the subject of the verb, changing its ending as required like any regular adjective.
Here are the commoner verbs in this group:

aller (*to go*)	je suis allé
venir (*to come*)	je suis venu
arriver (*to arrive*)	je suis arrivé
partir (*to set out, leave*)	je suis parti
entrer (*to enter*)	je suis entré
sortir (*to go/come out*)	je suis sorti
rester (*to remain*)	je suis resté
tomber (*to fall*)	je suis tombé
monter (*to go/come up*)	je suis monté
descendre (*to go/come down*)	je suis descendu
retourner (*to return*)	je suis retourné
passer (*to go/come past*)	je suis passé

10 How to give commands

In order to express a command, you use a form of the present tense called the imperative. There are three persons in the imperative.

present tense	**imperative**	**meaning**
tu téléphones	téléphone	telephone
nous téléphonons	téléphonons	let's telephone
vous téléphonez	téléphonez	telephone

NOTE The final *-s* of the *tu* form of the present tense is omitted. This is true of all *-er* verbs, including *aller*, but it does not happen with any other verbs.

11 Talking about the past (2) – the imperfect tense of *avoir* and *être*

j'	**avais**	*I had, used to have*
tu	**avais**	*you had, used to have*
il/elle	**avait**	*he/she had, used to have*
nous	**avions**	*we had, used to have*
vous	**aviez**	*you had, used to have*
ils/elles	**avaient**	*they had, used to have*

j'	**étais**	*I was, used to be*
tu	**étais**	*you were, used to be*
il/elle	**était**	*he/she was, used to be*
nous	**étions**	*we were, used to be*
vous	**étiez**	*you were, used to be*
ils/elles	**étaient**	*they were, used to be*

The imperfect tense is used to describe actions or situations that were continuous or habitual in the past, whereas the perfect tense is used for actions and situations that occurred at a certain moment in the past.

L'hôtel avait deux restaurants
The hotel had two restaurants

Ils étaient toujours en retard
They were always late

J'ai téléphoné à l'hôtel le 10 mars
I telephoned the hotel on March 10th

Il a fini à six heures
He finished at six o'clock

Notice that the English simple past (e.g. 'I was', 'I had' etc.) is often used both for the French imperfect and for the French perfect.

Il y avait des embouteillages tous les jours
There were traffic jams every day

Il y a eu deux accidents aujourd'hui
There were two accidents today

12 The present conditional tense of *pouvoir*, *devoir* and *vouloir*

The present conditional tense in French is formed by adding the following endings to the stem of the future tense:
   -ais, -ais, -ait, -ions, -iez, -aient.
In the case of these three verbs, it is used in order to soften the tone or to make what is said sound more polite: *pourriez-vous venir demain?* (could you come tomorrow?), *il devrait le faire* (he ought to do it), *je voudrais un café* (I'd like a coffee).

je	**pourrais**	je	**devrais**
tu	**pourrais**	tu	**devrais**
il/elle	**pourrait**	il/elle	**devrait**
nous	**pourrions**	nous	**devrions**
vous	**pourriez**	vous	**devriez**
ils/elles	**pourraient**	ils/elles	**devraient**

je	**voudrais**
tu	**voudrais**
il/elle	**voudrait**
nous	**voudrions**
vous	**voudriez**
ils/elles	**voudraient**

13 Negatives

In order to make a statement negative, the words *ne* and *pas* are placed before and after the verb respectively.

Je téléphone	*I am telephoning*
Je ne téléphone pas	*I am not telephoning*

NOTE 1 With verbs like *pouvoir* and *vouloir* which usually take an infinitive after them, be careful to place the negatives correctly:

Je ne peux pas venir	*I cannot come*
Il ne veut pas attendre	*He doesn't want to wait*

NOTE 2 The negative of *il y a* (there is, there are) is *il n'y a pas*.
NOTE 3 In addition to *ne . . . pas*, there are several other negative forms in French. One of them is *ne . . . jamais*, meaning 'never'.

Je vais à Paris	*I go to Paris*
Je ne vais jamais à Paris	*I never go to Paris*

Interrogatives

14 How to ask questions

The commonest and the easiest way of asking a question requiring a simple 'yes' or 'no' answer is to raise the voice in an enquiring tone at the end of the sentence.

Vous avez une minute?	*Do you have a minute?*
Je peux vous aider?	*Can I help you?*
Et vous?	*And you?*
C'est possible?	*Is it possible?*

Another easy way of asking a question is to put *est-ce que* in front of a statement:

Est-ce que vous avez une minute?
Est-ce que c'est possible?

The last way of asking simple questions in French is to invert the order of the pronoun subject (*je, tu,* etc.) and the verb. In this case subject and verb are connected by a hyphen. However, this way of asking a question is a little less frequent, especially in spoken French.

Avez-vous une minute?
Est-ce possible?
Est-elle disponible?

NOTE If the *il* and *elle* forms of a verb end in a vowel, a *-t-* is inserted when subject and verb are inverted, e.g. *il téléphone* becomes *téléphone-t-il?*

15 How to ask 'who?' and 'what?'

The French for 'who?' is *qui?*

Qui est Paul Maroger?	*Who is Paul Maroger?*
Qui attendons-nous?	*Who are we waiting for?*

The French for 'what?' is either *que?* or *qu'est-ce que?*

Que dois-je faire?   *What must I do?*
Qu'est-ce que je dois faire?   *What must I do?*

NOTE 1   After *qui?* and *que?* there is inversion of subject and verb.

NOTE 2   If *que* is followed by a vowel, it becomes *qu'*, but *qui* is never shortened in this way.

16   How to ask 'where?', 'when?' 'how?' and 'why?' _____

There are two ways of asking a question with *où?* (where?), *quand?* (when?), *comment?* (how?) and *pourquoi?* (why?).

The first way is to invert the pronoun subject and verb:

Où allez-vous?   *Where are you going?*
Quand arrivons-nous?   *When do we arrive?*
Comment le sait-il?   *How does he know?*
Pourquoi part-elle?   *Why is she leaving?*

The other way is to insert *est-ce que* after the interrogative adverb, and in that case there is no inversion of the verb.

Où est-ce que vous allez?
Quand est-ce que nous arrivons?
Comment est-ce qu'il le sait?
Pourquoi est-ce qu'elle part?

17   Interrogative adjectives: 'what?' and 'which?' _____

The interrogative adjectives in French are:

	masculine	feminine
singular	quel?	quelle?
plural	quels?	quelles?

They must agree with the noun they describe.

Quel est le maximum?
What is the maximum?

Quels sont vos délais de paiement?
What are your terms of payment?

Quelle salle de séminaire préférez-vous?
Which conference room do you prefer?

Quelles sont les dépenses que vous payez?
Which are the expenses (which) you pay for?

These adjectives are also used in indirect questions:

Je ne sais pas quel type de contrat vous voulez
I don't know what type of contract you want

Prepositions

18 How to say 'to the' and 'of the'

In most cases, the word for 'to' in French is *à* and the word for 'of' is *de*.

Elle va **à** Paris	*She is going to Paris*
Il fait beaucoup **de** bruit	*He is making a lot of noise*

However, if *à* or *de* is followed by *le*, or *les*, the following changes take place:

à + *le* becomes *au*	*de* + *le* becomes *du*
à + *les* becomes *aux*	*de* + *les* becomes *des*

The other combinations remain the same.

Je parle **au** directeur	la porte **du** bureau
I'm speaking to the director	*the office door*
Je vais **à la** piscine	avant la fin **de la** semaine
I'm going to the pool	*by the end of the week*
Nous allons **à l'**hôtel	le directeur **de l'**hôtel
We're going to the hotel	*the hotel manager*
Il parle **aux** clients	les détails **des** contrats
He's speaking to the customers	*the details of the contracts*

19 How to say 'some', 'any'

In order to say, for example, 'some papers' or 'have you any coffee?' in French, the normal way is to put *de* in front of the appropriate form of the definite article (*le, la, l', les*). Notice, however, that *de* + *le* becomes *du*, and *de* + *les* becomes *des*.

Vous avez **du** café?	*Have you any coffee?*
Vous voulez **de la** crème?	*Would you like some cream?*
Il a **de l'**argent	*He has some money*
L'hôtel a **des** équipements très modernes	*The hotel has very modern facilities*

NOTE   Sometimes, as in the last example, the French partitive article (*du, de la, de l'* or *des*) is not translated in English.

Adjectives

20 Agreement of adjectives

Adjectives must always agree with the noun they describe, which means that they must adapt their ending in order to reflect the number (singular or plural) and the gender (masculine or feminine) of their noun. Normally, adjectives add *-e* to become feminine singular, -s to become masculine plural and -es to become feminine plural.

un grand bar	deux grands bars
une grande piscine	deux grandes piscines

If an adjective already ends in -e in its masculine singular form, it remains the same in its feminine singular form. Similarly, to become plural it will simply add -s in order to agree with both masculine and feminine nouns.

un hôtel agréable	deux hôtels agréables
une salle agréable	deux salles agréables

If an adjective already ends in -s in its masculine singular form, it remains the same in its masculine plural form. However, its feminine forms change in the normal way.

un directeur français	deux directeurs français
une société française	deux sociétés françaises

NOTE 1   Some adjectives do not form the feminine in the usual way. The commoner variations are:

a) adjectives ending in -*f* change to -*ve*:
   positif, positive; actif, active
   (NOTE: *bref* is an exception: *bref, brève*)
b) adjectives ending in -*x* change to -*se*:
   avantageux, avantageuse
c) adjectives ending in -*ien* change to -*ienne*:
   italien, italienne
d) adjectives ending in -*on* change to -*onne*:
   bon, bonne
e) adjectives ending in -*er* change to -*ère*:
   premier, première; dernier, dernière; cher, chère
f) adjectives ending in -*el* change to -*elle*:
   personnel, personnelle
g) adjectives ending in -*eil* change to -*eille*:
   pareil, pareille

NOTE 2   If the masculine singular ends in -*al*, it changes to -*aux* in the plural: *amical, amicaux*. But *final* is an exception: *final, finals*.
NOTE 3   If the masculine singular ends in -*eau*, it changes to -*eaux* in the plural: *nouveau, nouveaux*.

21   Position of adjectives

Adjectives usually come after the noun: *une réunion importante, un après-midi très chargé.*
However, there are some exceptions to this rule. The following kinds of adjectives come before the noun:

a) the words for 'this', 'that', etc. and the words for 'my', 'his', etc.: *cette année, notre proposition.*

b) the words for 'other' (*autre*) and 'each, every' (*chaque*): *il y a autre chose, chaque année.*

c) a number of common adjectives:

beau	*beautiful*	joli	*pretty*
bon	*good*	long	*long*
grand	*large*	mauvais	*bad*
gros	*big*	petit	*small*
haut	*high*	vieux	*old*
jeune	*young*		

un bon dîner   une grande salle

une longue présentation   une belle piscine

22   How to say 'my', 'your', 'his', etc.

The words for 'my', 'your', 'his' etc. are adjectives and, like all adjectives in French, they must agree with the noun they describe.

singular		**plural**	
masc	**fem**		
mon	ma	mes	*my*
ton	ta	tes	*your*
son	sa	ses	*his/her/its*
notre	notre	nos	*our*
votre	votre	vos	*your*
leur	leur	leurs	*their*

mon adjoint   *mes* adjoints
ma secrétaire   *mes* secrétaires

son contrat   *ses* contrats
sa machine   *ses* machines

notre restaurant   *nos* restaurants
notre proposition   *nos* propositions

NOTE 1   In phrases like *son contrat*, *ses machines* etc., it is impossible to tell out of context whether the French means 'his', 'her' or 'its'. *Son contrat* means either 'his contract' or 'her contract', *ses machines* means 'his machines', 'her machines' or 'its machines'. Remember that the possessive adjective agrees with the thing possessed, not with the owner.

NOTE 2   If a feminine singular noun begins with a vowel, the forms *ma*, *ta*, and *sa* are replaced by *mon*, *ton* and *son*: *mon adresse*, *son entreprise.*

23   How to say 'this room', 'that desk' etc.

'This' and 'that' are demonstrative adjectives, and must agree with their noun.

masc			
sing	{ ce document	*this/that document*	
	{ cet embouteillage	*this/that traffic jam*	

fem sing	{ cette chambre	*this/that bedroom*
	{ cette entreprise	*this/that business*
masc plural	{ ces documents	*these/those documents*
	{ ces embouteillages	*these/those traffic jams*
fem plural	{ ces chambres	*these/those bedrooms*
	{ ces entreprises	*these/those businesses*

The masculine singular form *cet* is used before a vowel or silent h.

Adverbs

24 Formation of adverbs

Most adverbs are formed by adding *-ment* to the feminine singular of the appropriate adjective.

masc adj	fem adj	adverb	
sûr	sûre	sûrement	(*surely*)
calme	calme	calmement	(*calmly*)

However, if the masculine adjective ends in *-é*, *-i*, or *-u*, then *-ment* is added to the masculine form.

masc adj	adverb	
décidé	décidément	(*definitely*)
vrai	vraiment	(*truly*)
absolu	absolument	(*absolutely*)

If the adjective ends in *-ant* or *-ent*, these endings change to *-amment* and *-emment* respectively.

masc adj	adverb	
constant	constamment	(*constantly*)
fréquent	fréquemment	(*frequently*)

The exception is *lent* whose adverb is *lentement* (slowly).

A few adjectives do not form their adverbs in the normal way. The commoner ones are listed below.

adjective	adverb	
bon	bien	(*well*)
bref	brièvement	(*briefly*)
énorme	énormément	(*enormously*)
mauvais	mal	(*badly*)
meilleur	mieux	(*better*)
précis	précisément	(*precisely*)

25 Position of adverbs

There are no really hard and fast rules governing the position of the adverb in the French sentence. However, there is a general tendency for the adverb to be placed immediately after the verb,

which in the case of the perfect tense means the auxiliary verb
avoir or *être*.

Nous commençons lentement	*We begin slowly*
Il a facilement compris	*He easily understood*
Je suis vite sorti	*I quickly went out*
Elle va probablement venir	*She will probably come*

Comparatives and superlatives

26 How to say 'more', 'less', and 'as'

Usually, if you want to compare two or more things, you simply
put *plus* (more), *moins* (less) or *aussi* (as) in front of the appropriate
adjective:

C'est plus élégant	*It's more elegant*
C'est moins difficile	*It's less difficult*
C'est aussi important	*It's as important*

NOTE 1   The French for 'than' is *que*: *le restaurant est plus grand que
le bar* (the restaurant is bigger than the bar).
NOTE 2   There are a number of adverbs which can be used to
indicate quantity and which therefore may imply comparison.
They all take *de* (or *d'*) before the noun.

assez de café	*enough coffee*
beaucoup de détails	*a lot of details*
combien d'argent	*how much money*
moins de touristes	*fewer tourists*
peu de places	*not many seats*
plus de précisions	*more details*
trop de documents	*too many documents*

27 How to say 'the most', 'the least'

If you want to say 'the most' or 'the least', you put *le*, *la* or *les* in
front of *plus* or *moins*:

le document le plus important	*the most important document*
la chambre la plus confortable	*the most comfortable room*
les problèmes les plus urgents	*the most urgent problems*
le décor le moins agréable	*the least attractive decor*
la société la moins efficace	*the least efficient company*
les ordinateurs les moins chers	*the cheapest computers*

One adjective has its own comparative and superlative forms:

bon (*good*)   meilleur (*better*)   le meilleur (*the best*)

NOTE   *Meilleur* is a regular adjective and must always agree with a
feminine or plural noun by adding *-e*, *-s* or *-es* in the usual way.

28   Saying 'more easily', 'less often' etc. _____

As far as the comparative is concerned, adverbs behave in much the same way as adjectives.

plus confortablement	*more comfortably*
moins confortablement	*less comfortably*
aussi confortablement	*as comfortably*

A few adverbs have special comparative forms:

adverb	**comparative**
beaucoup (*a lot*)	plus (*more*)
bien (*well*)	mieux (*better*)
peu (*little*)	moins (*less*)

Il a décidé plus vite que Pierre
He decided more quickly than Pierre

Elle téléphone moins fréquemment que sa soeur
She telephones less frequently than her sister

Pronouns _____

29   Emphatic pronouns _____

The emphatic pronouns in French are:

moi	*me*	nous	*us*
toi	*you*	vous	*you*
lui	*him, it*	eux	*them (masc)*
elle	*her, it*	elles	*them (fem)*

Their main uses are:

a) in order to emphasize the subject of the verb:

Moi, je suis d'accord	*I agree*
Vous, vous n'êtes jamais là	*You are never there*

b) after a preposition:

après lui	*after him*
devant nous	*in front of us*

c) after *c'est* and *ce sont*:

C'est moi	*It's me*
Ce sont eux	*It's them*

d) when the subject of the verb contains two or more pronouns:

Lui et moi sommes français
He and I are French

e) when the subject of the verb contains a noun and a pronoun:

Le directeur et moi sommes arrivés
The director and I have arrived

f) in comparisons:

Elle est plus aimable que lui
She is nicer than him

g) as a one word answer to a question:

Qui a envoyé la télécopie? Moi
Who sent the fax? I did

h) combined with *-même(s)* to mean 'myself', 'yourself', etc.:

moi-même	*myself*	nous-mêmes	*ourselves*
toi-même	*yourself*	vous-même(s)	*yourself (-selves)*
lui-même	*himself, itself*	eux-mêmes	*themselves*
elle-même	*herself, itself*	elles-mêmes	*themselves*

Je vais le faire moi-même	*I'm going to do it myself*
Ils ont décidé eux-mêmes	*They decided themselves*

30 How to say 'me', 'to me', 'him', 'to him' etc. with a verb

The direct object pronouns are:

me (m')	*me*	nous	*us*
te (t')	*you*	vous	*you*
le (l')	*him, it*	les	*them*
la (l')	*her, it*		

NOTE   The forms in brackets are the ones which are used before a vowel or silent h.

The indirect object pronouns are:

me (m')	*to me*	nous	*to us*
te (t')	*to you*	vous	*to you*
lui	*to him, to her*	leur	*to them*

NOTE   In English, 'to' is not always expressed: *il nous envoie un catalogue* (he is sending us a catalogue).

The direct and indirect object pronouns are usually placed immediately before the verb.

Ils nous invitent	*They're inviting us*
Elle leur téléphone	*She is telephoning them*

When the verb is in the negative, the pronoun still retains its place immediately before the verb.

Ils ne nous invitent pas	*They're not inviting us*
Elle ne leur téléphone jamais	*She never telephones them*

A pronoun can also be the object of an infinitive and must be placed immediately in front of it.

Je peux vous aider?   *Can I help you?*
Elle va lui téléphoner   *She's going to phone him*

31   The pronouns *y* and *en*

The pronoun *y* replaces *à* (including *au* etc.) or *dans* + noun. It often has the meaning 'there'.

Elle va *à l'hôtel*   Elle *y* va
Il entre *dans le bureau*   Il *y* entre

The pronoun *en* replaces *de* (including *du* etc.) + noun. It often has the meaning 'some' or, after a number, 'of them'.

Nous achetons *des journaux*   Nous *en* achetons
Il a *deux voitures*   Il *en* a deux

32   Using direct and indirect object pronouns with the imperative

In affirmative commands (telling someone to do something), the direct or indirect object pronoun comes after the verb.

Appelle-la!   *Call her!*
Achetons-les!   *Let's buy them!*
Téléphonez-lui!   *Telephone him/her!*

NOTE   The pronouns *me* and *te* used in this way change to *moi* and *toi* respectively: *excusez-moi* (excuse me).

In negative commands, the direct or indirect object pronoun comes immediately before the verb in the usual way.

Ne l'appelle pas!   *Don't call her!*
Ne les achetons pas!   *Let's not buy them!*
Ne lui téléphonez pas!   *Don't telephone him/her!*

33   Order of pronoun objects

If two pronoun objects are used with a verb, they have to go in a particular order. One of the easiest ways of learning this order is to set the pronouns out in columns.

1	2	3	4	5
me				
te	le	lui	y	en
se	la	leur		
nous	les			
vous				

The following rule applies to all verb forms except the affirmative imperative: any pronoun from column 1 comes before any pronoun from columns 2, 3, 4 or 5; any pronoun from column 2 comes before any pronoun from columns 3, 4 or 5, and so on.

Il *nous* envoie *l'équipement*	Il *nous l'envoie.*
Nous donnons *notre adresse à la réceptionniste*	Nous *la lui* donnons
Elle expédie *les documents à Bordeaux*	Elle *les y* expédie
Je parle *de la conférence au directeur*	Je *lui en* parle

In the case of affirmative commands, the rule is that the direct pronoun object comes before the indirect pronoun object.

Envoyez-*nous l'équipement*	Envoyez-*le-nous*

34 How to say 'who' and 'which'

When 'who' and 'which' are the subject of the verb

The French for 'who' and 'which' when they are the subject of the following verb is *qui*.

Le client *qui a téléphoné ce matin* va venir demain
J'ai envoyé les papiers *qui étaient sur mon bureau*

When 'who' and 'which' are the object of the verb

The French for 'who(m)' and 'which' when they are the object of the verb is *que* (*qu'* before a vowel).

Les employés *que nous avons à présent* travaillent bien
Le contrat *qu'il vient de signer* est très avantageux

NOTE   In English the object pronouns 'who' and 'which' are frequently omitted, but in French *que* is never omitted.

35 How to say 'what' in a relative clause

When 'what' is the subject of the following verb, the French is *ce qui*:

Je ne sais pas *ce qui est à l'ordre du jour*
I don't know what is on the agenda   (lit. 'that which')

When 'what' is the object of the following verb, the French is *ce que*:

Je ne comprends pas *ce que vous voulez dire*
I don't understand what you mean   (lit. 'that which')

Numbers, dates and time

36 Numbers

1	un	11	onze	21	vingt-et-un
2	deux	12	douze	22	vingt-deux
3	trois	13	treize	23	vingt-trois
4	quatre	14	quatorze	24	vingt-quatre
5	cinq	15	quinze	25	vingt-cinq
6	six	16	seize	26	vingt-six
7	sept	17	dix-sept	27	vingt-sept
8	huit	18	dix-huit	28	vingt-huit
9	neuf	19	dix-neuf	29	vingt-neuf
10	dix	20	vingt	30	trente

40	quarante	100	cent
50	cinquante	101	cent un
60	soixante	124	cent vingt-quatre
70	soixante-dix	200	deux cents
71	soixante-et-onze	201	deux cent un
72	soixante-douze	236	deux cent trente-six
73	soixante-treize	1 000	mille
80	quatre-vingts	1 001	mille un
81	quatre-vingt-un	2 000	deux mille
82	quatre-vingt-deux	2 001	deux mille un
90	quatre-vingt-dix	1 000 000	un million
91	quatre-vingt-onze	2 000 000	deux millions
		1 000 000 000	un milliard

NOTE 1   Numbers 21 to 71 have -et-, but 81 and 91 do not.

NOTE 2   Numbers 81 to 99 drop the -s- of *quatre-vingts*.

NOTE 3   If *cents* is followed immediately by another number, the -s is dropped: *quatre cent treize*.

NOTE 4   *Mille* never takes -s.

NOTE 5   One thousand is just *mille*, but one million is *un million*.

NOTE 6   Decimals are written and said as follows: 1,5 (*un virgule cinq*); 10,2 (*dix virgule deux*)

NOTE 7   Percentages and fractions are expressed as follows: 10% (*dix pour cent*); 25% (*vingt-cinq pour cent*); ½ (*un demi*); ¼ (*un quart*); ⅓ (*un tiers*); ⅕ (*un cinquième*); ⅖ (*deux cinquièmes*).

NOTE 8   Apart from *premier* (first), ordinal numbers in French are formed by adding *-ième* to the appropriate cardinal number: *deux, deuxième; trois, troisième; dix-sept, dix-septième; vingt-et-un, vingt-et-unième*.

If the cardinal number ends in *-e*, the *-e* is dropped before *-ième*: *quatre, quatrième*.

There are two 'irregular' forms: *cinq, cinquième; neuf, neuvième*.

37 Days of the week

lundi	*Monday*	vendredi	*Friday*
mardi	*Tuesday*	samedi	*Saturday*
mercredi	*Wednesday*	dimanche	*Sunday*
jeudi	*Thursday*		

lundi	*on Monday*
lundi prochain	*next Monday*
lundi dernier	*last Monday*
le lundi	*on Mondays*
tous les lundis	*every Monday*
lundi matin	*on Monday morning*
le lundi matin	*on Monday mornings*
lundi après-midi	*on Monday afternoon*
le lundi après-midi	*on Monday afternoons*
lundi soir	*on Monday evening*
le lundi soir	*on Monday evenings*

38 Months of the year

janvier	*January*	juillet	*July*
février	*February*	août	*August*
mars	*March*	septembre	*September*
avril	*April*	octobre	*October*
mai	*May*	novembre	*November*
juin	*June*	décembre	*December*

NOTE   The French for 'in' is either *en* or *au mois de*: *en janvier* or *au mois de janvier*.

39 Dates

French uses the cardinal numbers for dates, with the exception of the first day of the month which uses the ordinal number as in English.

le premier janvier
le deux janvier
le trente-et-un janvier

Dates are usually written as follows: *le 1er janvier, le 2 janvier, le 3 janvier*, etc. If the day of the week is included in the date, it is written as: *le lundi 3 janvier 1994* (Monday 3rd January 1994).

If the year is included in the date, it is written as in English, but it is said in one of two different ways. For example, the year 1992 is said either as *mil neuf cent quatre-vingt-douze* or as *dix-neuf cent quatre vingt-douze*.

NOTE 1   In dates the word for a thousand is *mil* and it is invariable.

NOTE 2   The French for 'in' is *en*. For simplicity you can say *en quatre-vingt-douze*.

NOTE 3   There are two common ways of asking someone what the date is in French:

Quelle date sommes-nous?   Nous sommes le . . .
Quelle est la date?   C'est le . . .

40   Telling the time

The easiest way of telling the time in French is to use the 24-hour clock, which is always used for train and aircraft times, for radio and television broadcast times, and increasingly for business communication.

 1h15   une heure quinze
10h20   dix heures vingt
12h30   douze heures trente
16h52   seize heures cinquante-deux
21h45   vingt-et-une heures quarante-cinq

In normal conversation, however, it is more usual to use the 12-hour clock.

Quelle heure est-il?   *What time is it?*
Il est dix heures   *It's ten o'clock*
Il est dix heures cinq   *It's five past ten*
Il est dix heures moins dix   *It's ten to ten*
Il est dix heures et demie   *It's half past ten*
Il est dix heures et quart   *It's a quarter past ten*
Il est dix heures moins le quart   *It's a quarter to ten*

When using the 12-hour clock, the French for 12 o'clock midday is *midi*, and for 12 o'clock midnight it is *minuit*.

There is no French equivalent of am and pm. If you need to specify, add *du matin* for times up to midday, *de l'après-midi* for times from midday up to about 5 o'clock, and *du soir* for times after that.

dix heures du matin   *ten am*
trois heures de l'après-midi   *three pm*
huit heures du soir   *eight pm*

Table of Verbs

Regular -er verbs: **téléphoner** *to telephone*

present tense	*perfect tense*	*future tense*
je téléphone	j'ai téléphoné	je téléphonerai
tu téléphones	tu as téléphoné	tu téléphoneras
il/elle téléphone	il/elle a téléphoné	il/elle téléphonera
nous téléphonons	nous avons téléphoné	nous téléphonerons
vous téléphonez	vous avez téléphoné	vous téléphonerez
ils/elles téléphonent	ils/elles ont téléphoné	ils/elles téléphoneront

Regular -ir verbs: **finir** *to finish*

je finis	j'ai fini	je finirai
tu finis	tu as fini	tu finiras
il/elle finit	il/elle a fini	il/elle finira
nous finissons	nous avons fini	nous finirons
vous finissez	vous avez fini	vous finirez
ils/elles finissent	ils/elles ont fini	ils/elles finiront

Regular -re verbs: **attendre** *to wait, wait for*

j'attends	j'ai attendu	j'attendrai
tu attends	tu as attendu	tu attendras
il/elle attend	il/elle a attendu	il/elle attendra
nous attendons	nous avons attendu	nous attendrons
vous attendez	vous avez attendu	vous attendrez
ils/elles attendent	ils/elles ont attendu	ils/elles attendront

Irregular verbs

aller
to go

je vais	je suis allé(e)	j'irai
tu vas	tu es allé(e)	tu iras
il/elle va	il/elle est allé(e)	il/elle ira
nous allons	nous sommes allé(e)s	nous irons
vous allez	vous êtes allé(e)(s)	vous irez
ils/elles vont	ils/elles sont allé(e)s	ils/elles iront

avoir
to have

j'ai	j'ai eu	j'aurai
tu as	tu as eu	tu auras
il/elle a	il/elle a eu	il/elle aura
nous avons	nous avons eu	nous aurons
vous avez	vous avez eu	vous aurez
ils/elles ont	ils/elles ont eu	ils/elles auront

connaître
to know

je connais	j'ai connu	je connaîtrai
tu connais	tu as connu	tu connaîtras
il/elle connaît	il/elle a connu	il/elle connaîtra
nous connaissons	nous avons connu	nous connaîtrons
vous connaissez	vous avez connu	vous connaîtrez
ils/elles connaissent	ils/elles ont connu	ils/elles connaîtront

croire
to think, believe

je crois	j'ai cru	je croirai
tu crois	tu as cru	tu croiras
il/elle croit	il/elle a cru	il/elle croira
nous croyons	nous avons cru	nous croirons
vous croyez	vous avez cru	vous croirez
ils/elles croient	ils/elles ont cru	ils/elles croiront

devoir	je dois	j'ai dû	je devrai
ought, must	tu dois	tu as dû	tu devras
	il/elle doit	il/elle a dû	il/elle devra
	nous devons	nous avons dû	nous devrons
	vous devez	vous avez dû	vous devrez
	ils/elles doivent	ils/elles ont dû	ils/elles devront
dire	je dis	j'ai dit	je dirai
to say, tell	tu dis	tu as dit	tu diras
	il/elle dit	il/elle a dit	il/elle dira
	nous disons	nous avons dit	nous dirons
	vous dites	vous avez dit	vous direz
	ils/elles disent	ils/elles ont dit	ils/elles diront
écrire	j'écris	j'ai écrit	j'écrirai
to write	tu écris	tu as écrit	tu écriras
	il/elle écrit	il/elle a écrit	il/elle écrira
	nous écrivons	nous avons écrit	nous écrirons
	vous écrivez	vous avez écrit	vous écrirez
	ils/elles écrivent	ils/elles ont écrit	ils/elles écriront
être	je suis	j'ai été	je serai
to be	tu es	tu as été	tu seras
	il/elle est	il/elle a été	il/elle sera
	nous sommes	nous avons été	nous serons
	vous êtes	vous avez été	vous serez
	ils/elles sont	ils/elles ont été	ils/elles seront
faire	je fais	j'ai fait	je ferai
to do, make	tu fais	tu as fait	tu feras
	il/elle fait	il/elle a fait	il/elle fera
	nous faisons	nous avons fait	nous ferons
	vous faites	vous avez fait	vous ferez
	ils/elles font	ils/elles ont fait	ils/elles feront
lire	je lis	j'ai lu	je lirai
to read	tu lis	tu as lu	tu liras
	il/elle lit	il/elle a lu	il/elle lira
	nous lisons	nous avons lu	nous lirons
	vous lisez	vous avez lu	vous lirez
	ils/elles lisent	ils/elles ont lu	ils/elles liront
mettre	je mets	j'ai mis	je mettrai
to put	tu mets	tu as mis	tu mettras
	il/elle met	il/elle a mis	il/elle mettra
	nous mettons	nous avons mis	nous mettrons
	vous mettez	vous avez mis	vous mettrez
	ils/elles mettent	ils/elles ont mis	ils/elles mettront
offrir	j'offre	j'ai offert	j'offrirai
to offer	tu offres	tu as offert	tu offriras
	il/elle offre	il/elle a offert	il/elle offrira
	nous offrons	nous avons offert	nous offrirons
	vous offrez	vous avez offert	vous offrirez
	ils/elles offrent	ils/elles ont offert	ils/elles offriront
ouvrir	j'ouvre	j'ai ouvert	j'ouvrirai
to open	tu ouvres	tu as ouvert	tu ouvriras
	il/elle ouvre	il/elle a ouvert	il/elle ouvrira
	nous ouvrons	nous avons ouvert	nous ouvrirons
	vous ouvrez	vous avez ouvert	vous ouvrirez
	ils/elles ouvrent	ils/elles ont ouvert	ils/elles ouvriront
partir	je pars	je suis parti(e)	je partirai
to leave	tu pars	tu es parti(e)	tu partiras
	il/elle part	il/elle est parti(e)	il/elle partira
	nous partons	nous sommes parti(e)s	nous partirons
	vous partez	vous êtes parti(e)(s)	vous partirez
	ils/elles partent	ils/elles sont parti(e)s	ils/elles partiront

pouvoir *to be able*	je peux tu peux il/elle peut nous pouvons vous pouvez ils/elles peuvent	j'ai pu tu as pu il/elle a pu nous avons pu vous avez pu ils/elles ont pu	je pourrai tu pourras il/elle pourra nous pourrons vous pourrez ils/elles pourront
prendre *to take*	je prends tu prends il/elle prend nous prenons vous prenez ils/elles prennent	j'ai pris tu as pris il/elle a pris nous avons pris vous avez pris ils/elles ont pris	je prendrai tu prendras il/elle prendra nous prendrons vous prendrez ils/elles prendront
recevoir *to receive*	je reçois tu reçois il/elle reçoit nous recevons vous recevez ils/elles reçoivent	j'ai reçu tu as reçu il/elle a reçu nous avons reçu vous avez reçu ils/elles ont reçu	je recevrai tu recevras il/elle recevra nous recevrons vous recevrez ils/elles recevront
savoir *to know*	je sais tu sais il/elle sait nous savons vous savez ils/elles savent	j'ai su tu as su il/elle a su nous avons su vous avez su ils/elles ont su	je saurai tu sauras il/elle saura nous saurons vous saurez ils/elles sauront
sortir *to go out*	je sors tu sors il/elle sort nous sortons vous sortez ils/elles sortent	je suis sorti(e) tu es sorti(e) il/elle est sorti(e) nous sommes sorti(e)s vous êtes sorti(e)(s) ils/elles sont sorti(e)s	je sortirai tu sortiras il/elle sortira nous sortirons vous sortirez ils/elles sortiront
venir *to come*	je viens tu viens il/elle vient nous venons vous venez ils/elles viennent	je suis venu(e) tu es venu(e) il/elle est venu(e) nous sommes venu(e)s vous êtes venu(e)(s) ils/elles sont venu(e)s	je viendrai tu viendras il/elle viendra nous viendrons vous viendrez ils/elles viendront
voir *to see*	je vois tu vois il/elle voit nous voyons vous voyez ils/elles voient	j'ai vu tu as vu il/elle a vu nous avons vu vous avez vu ils/elles ont vu	je verrai tu verras il/elle verra nous verrons vous verrez ils/elles verront
vouloir *to want, wish*	je veux tu veux il/elle veut nous voulons vous voulez ils/elles veulent	j'ai voulu tu as voulu il/elle a voulu nous avons voulu vous avez voulu ils/elles ont voulu	je voudrai tu voudras il/elle voudra nous voudrons vous voudrez ils/elles voudront

Reflexive verbs: **se souvenir** *to remember*

present tense	*future tense*
je me souviens tu te souviens il/elle se souvient nous nous souvenons vous vous souvenez ils/elles se souviennent	je me souviendrai tu te souviendras il/elle se souviendra nous nous souviendrons vous vous souviendrez ils/elles se souviendront

Glossary

Genders of French nouns are given after their respective nouns:
m = masculine, f = feminine.

à   *to, at*
abord: d' —   *first, first of all*
absolu   *absolute*
absolument   *definitely, absolutely*
accepter   *to accept*
accès (m)   *access*
accessible   *accessible*
accident (m)   *accident*
accompagner   *to accompany*
accord (m)   *agreement, consent*
accord: d' —   *ok, all right, agreed*
  être d' —   *to agree, be in agreement*
accorder   *to grant, give*
accueil (m)   *welcome*
accueillir   *to welcome*
accuser: — réception   *to acknowledge*
  receipt
achat (m)   *purchase*
acheter   *to buy*
acheteur (m)   *buyer*
acoustique (f)   *acoustics*
actif   *active*
activité (f)   *activity*
actuel   *present*
actuellement   *at the moment, at present*
adapter   *to adapt*
adjoint (m)   *deputy, assistant*
administratif   *administrative*
administration (f)   *administration,*
  government department
adorer   *to adore*
adresse (f)   *address*
aérien   *air (epith)*
aéronautique (f)   *aeronautical industry*
affaire (f)   *business, matter*
affaires (f pl)   *business*
afficher: s' —   *to be displayed*
afin de   *in order to*
âge (m)   *age*
agence (f)   *agency*
agenda (m)   *diary*
agréable   *pleasant, attractive*
agréablement   *agreeably*
agricole   *agricultural*
agriculture (f)   *agriculture*
aide (f)   *help*
 à l' — de   *with the aid of, using*
aider   *to help*
aigu (f aiguë)   *high-pitched*

ailleurs   *elsewhere*
 par —   *moreover, furthermore*
aimable   *kind, nice*
aimer   *to love, like*
ainsi   *thus, in that way*
ajouter   *to add*
alimentation (f)   *groceries, food industry*
Allemagne (f)   *Germany*
allemand   *German*
aller   *to go*
aller et retour (m)   *return journey*
allumer   *to switch on*
alors   *so, then*
Alpes (f pl)   *Alps*
alternance (f): en — avec   *alternating*
  with
altitude (f)   *altitude*
améliorer   *to improve*
aménagement (m)   *arrangement, facility*
américain   *American*
amical   *friendly*
an (m)   *year*
anglais   *English*
angle (m)   *angle*
Angleterre (f)   *England*
année (f)   *year*
annexe   *related*
annexe (f): en —   *appended*
annonce (f)   *advertisement*
annuaire (m)   *directory*
annuel   *annual*
anticipé   *anticipated, in advance*
août (m)   *August*
apéritif (m)   *aperitif, aperitive*
apparaître   *to appear*
appareil (m)   *machine, apparatus*
 à l' —   *on the line, speaking*
appartenir   *to belong*
appel (m)   *call*
appeler   *to call*
appeler: s' —   *to be called (name)*
appliquer   *to apply*
appliquer: s' —   *to apply (oneself)*
apporter   *to bring*
apprécier   *to appreciate*
apprendre   *to learn*
approprié   *appropriate*
approximativement   *approximately*
appuyer: — sur   *to press*

après *after, afterwards*
après-midi (m) *afternoon*
argent (m) *money*
armistice (m) *armistice*
arranger *to suit*
arriver *to arrive, happen*
ascenseur (m) *lift*
aspect (m) *aspect*
assemblée (f) *assembly*
asseoir: s' — *to sit down, take a seat*
assez *quite, fairly, enough*
assistance (f) *assistance, help*
assistant(e) (m (f)) *assistant*
association (f) *association*
Assomption (f) *Assumption*
assurer *to ensure, assure*
atelier (m) *workshop*
atteindre *to reach*
attendant: en — *in the meantime*
attendre *to expect, wait for*
attendre: faire — qn *to keep sb waiting*
attente (f) *wait, waiting*
attention (f) *attention*
  faire — à *to pay attention to*
attentionné *attentive, considerate*
attirer *to attract, draw*
attribuer *to attribute, grant*
au revoir *goodbye*
aucun *no, none*
audio-visuel *audio-visual*
augmenter *to increase*
aujourd'hui *today*
aussi *also, as*
aussitôt que possible *as soon as possible*
automatiquement *automatically*
automne (m) *autumn*
automobile (f) *car industry*
autoroute (f) *motorway*
autour de *around*
autre *other*
  — chose *something else*
avance: à l' — *in advance*
  en — *early*
avant *before*
avantage (m) *advantage*
avantageux *favourable*
avec *with*
averse (f) *shower (of rain)*
avion (m) *aircraft, plane*
avis (m) *opinion*
avoir *to have*
  — l'air *to look, seem*
avouer *to confess*
avril (m) *April*
axe (m) *trunk road*

baigner: se — *to have a swim*
bain (m) *swim, bath*
baisse (f): en — *declining*
banque (f) *bank*
  — de données *data bank*
banquet (m) *banquet*

bar (m) *bar*
bas *low*
base (f) *basis*
baser *to base*
beau *beautiful*
beaucoup *a lot, much, many*
belge *Belgian*
Belgique (f) *Belgium*
bénéficier de *to benefit, profit from*
besoin (m) *need*
  avoir — de *to need*
bien *well, indeed*
  — entendu *of course*
  — sûr *of course*
bientôt: à — *see you soon*
billet (m) *ticket*
billetterie (f) *ticket machine*
bizarre *odd*
blanc *white*
boeuf (m) *beef*
boisson (f) *drink*
bon *good*
bon (m): — de commande *order form*
bonjour *good morning, good day, hello*
bonsoir *good evening*
Bourgogne (f) *Burgundy*
boutique (f) *shop*
branchement (m) *connection*
brancher *to connect*
bref *brief*
Bretagne (f) *Brittany*
bricolage (m) *do-it-yourself*
brièvement *briefly*
briller *to shine*
britannique *British*
brochure (f) *brochure*
brouillard (m) *fog*
bruit (m) *noise*
brume (f) *mist*
brumeux *misty*
budget (m) *budget*
buffet (m) *buffet*
bureau (m) *office, desk*
but (m) *aim, object*

cabine (f) *telephone box, kiosk*
cadre (m) *setting*
cadre (m) *executive*
café (m) *coffee*
calcul (m) *calculation*
calendrier (m) *calendar*
calme *quiet, peaceful*
calmement *calmly*
camembert (m) *pie chart*
campagne (f) *campaign*
candidat (m) *candidate*
cantine (f) *canteen, staff restaurant*
capacité (f) *capacity*
car *because, for*
caractère (m) *character*
carte (f) *card, map*
  — bancaire *credit card*
  — de crédit *credit card*

cas (m): dans ce — *in that case*
catalogue (m) *catalogue*
catégorie (f) *category*
catholique *Catholic*
ceci *this*
CEE (Communauté (f) Économique
  Européenne) *EEC*
célibataire *unmarried*
cent *hundred*
centre (m) *centre*
  —s d'intérêt *interests*
cependant *however, nevertheless*
certain *certain*
certainement *certainly*
chaîne (f) *chain*
chaleureux *warm*
chambre (f) *bedroom, chamber*
  — de commerce *chamber of commerce*
changement (m) *change*
changer *to change*
chaque *each, every*
chargé *busy, full*
chaud *hot*
chaussures (f pl) *footwear*
chef (m) *chef*
  — d'atelier *foreman*
  — de la publicité *head of advertising*
  — du personnel *head of personnel*
  —-styliste *chief designer*
chèque (m) *cheque*
cher *dear, expensive*
chercher *to look for, seek*
chez: — moi *at home, at my place*
chiffre (m) *figure*
  — d'affaires *turnover*
chimique *chemical*
choc (m): — pétrolier *oil crisis*
chocolat (m) *chocolate*
choisir *to choose*
choix (m) *choice*
chômage (m) *unemployment*
chose (f) *thing*
ciel (m) *sky*
ci-joint *attached*
cinéma (m) *cinema*
circulation (f) *traffic*
clair *clear, light (of colour)*
clavier (m) *keyboard*
clé (f) *key*
client (m) *customer*
clientèle (f) *clientele*
code (m) *code*
coin (m) *corner*
col (m): — blanc *white-collar worker*
collection (f) *collection*
coloris (m) *colour, shade*
combien? *how much?, how many?*
combiné (m) *receiver*
comité (m): — d'entreprise *works
  committee/council*
commande (f) *order*
commander *to order*
comme *as*

commencer to start, begin
comment how
commerce (m) shop, commerce
commercial commercial, business
commerçant (m) shopkeeper
communauté (f) community
communicant communicating
communication (f):
— téléphonique telephone call
communiquer to convey, send
communiste communist
compagnie (f) company
— d'assurances insurance company
— de navigation shipping company
comparativement comparatively
complet complete
compliment (m) compliment
compliqué complicated
comporter to comprise
composé composed
composer to dial
composter to punch
comprendre to understand, comprise
compris including, included
compromis (m) compromise
comptabilité (f) accountancy
comptable (m) accountant
compte-rendu (m) minutes, report
compter to intend, allow, reckon
compter sur to count on
concernant concerning
concerner to concern
concession (f) concession
conclusion (f) conclusion
conçu designed
concurrence (f) competition
concurrent (m) competitor
condition (f) condition, term
confédération (f) confederation
confirmation (f) confirmation
confirmer to confirm
confort (m) comfort
confortable comfortable
confortablement comfortably
congé (m) holiday
congrès (m) congress, conference
connaissance (f): faire la — de qn to
meet sb, make the acquaintance of sb
connaissances (f pl) knowledge
connaître to know (person, place, etc.)
conscient aware
conseil (m) (piece of) advice
conseil (m) council
conseiller to advise
conseiller (m): — juridique legal adviser
conséquence (f) consequence
conserver to preserve
considérable considerable
considérer to consider
consister to consist
consommation (f): payer les —s to pay
for the drinks
constamment constantly

constant constant
constituer to constitute
construire to construct
consultation (f) consultation
consulter to consult
contact (m) contact
contacter to contact
conteneur (m) container
contenir to contain, hold
content pleased, happy
continuer to continue
contrat (m) contract
contre: par — on the other hand
contrepartie (f): en — in return
contribuer to contribute
contrôleur (m) ticket collector
controversé controversial
convaincu convinced
convenable acceptable
convenir à to suit
convenir: il convient de it is usual to
convenu agreed
convoquer to call, invite
coordonner to coordinate
correct reasonable, adequate
correspondant (m) correspondent
correspondre to correspond
Corse (f) Corsica
côte (f) coast
côté: à — de alongside, next to
de notre — for our part
couloir (m) corridor
couramment fluently
courant current
cours (m) course, lesson
court short
création (f) creation
crédit (m) credit
créer to create
crème (f) cream
crise (f) crisis
croire to think, believe
croissant increasing
crucial crucial
cuisine (f) cuisine, kitchen
culturel cultural

Danemark (m) Denmark
danois Danish
dans in
date (f) date
débrouiller: se — to manage, cope
débuter to begin
décembre (m) December
décentralisation (f) decentralization
décidé decided, determined
décidément definitely, certainly
décider to decide
décider: se — to make up one's mind
décision (f) decision
déclin (m) decline
décor (m) decor
décrire to describe

décrocher to lift (the receiver)
dédoubler un train to put on a relief
train
défilé (m) de modes fashion parade
définitif firm, definitive
dégager: se — to clear
degré (m) degree
déjà already
déjeuner to have lunch
déjeuner (m) lunch
délai (m): — de livraison delivery time
—s de paiement terms of payment
délégué syndical (m) union
representative
délicieux delicious
délivrer to hand over
demain tomorrow
demande (f) request
demander to ask for
demandeur (m): — d'emploi job
applicant
demi half
démocratique democratic
départ (m) departure
départemental local, county
dépasser to exceed
dépendre to depend
dépenser to spend
dépenses (f pl) expenditure
déplacement (m): en — on a (business)
trip
déplacer: se — to move around, travel
déposer qn to drop sb off
depuis for, since
député (m) deputy, member of parliament
déranger: se — to put oneself out
dernier last, latest
derrière behind
désagréger: se — to disperse
descendre to go/come down
désirer to want, desire
désolé (very) sorry
dessert (m) dessert
desserte (f) service (rail etc)
desservir to serve
destination (f) destination
détail (m) detail
détente (f) relaxation
deuxième second
devant in front of
développement (m) development
développer: se — to develop
devenir to become
devis (m) estimate, quotation, quote
devoir must, ought to
différemment differently
différent different
difficile difficult
difficulté (f) difficulty
dimanche (m) Sunday
diminuer to decrease, diminish
dîner (m) dinner
dîner to dine

diplôme (m) *diploma, qualification*
dire *to tell, say*
direct *direct*
directement *directly*
directeur (m) *director*
 — commercial *sales director*
 — de la production *production manager*
 — des ventes *sales director*
 — du marketing *marketing director*
 — export *export manager*
 — financier *financial director*
 —-adjoint *deputy manager, deputy director*
direction (f) *management*
discothèque (f) *discotheque*
discours (m) *speech*
discret *discreet*
discussion (f) *discussion*
discuter *to discuss*
disponibilité (f) *availability*
disponible *available*
disposer de qch *to have sth available*
disposition (f): à votre — *at your disposal*
dissémination (f) *wide distribution*
dissipation (f) *dispersal, disappearance*
distance (f) *distance*
distributeur (m) de boissons *drinks dispenser*
diversifier *to diversify*
division (f) *division*
document (m) *document*
documenter *to document*
doigt (m) *finger*
domaine (m) *field*
dommage! *pity!*
donc *then, so*
donner *to give*
dossier (m) *file, document*
doubler *to double*
douche (f) *shower*
doux *sweet, soft, mild*
droit (m) *law*
droite (f): à — *on the right, to the right*
durée (f) *period, duration*
durer *to last*

eau (f) *water*
échange (m) *exchange*
éclairage (m) *lighting*
éclaircie (f) *clear spell, bright spell*
école (f) *school*
économie (f) *economics, economy*
économique *economic*
écossais *Scottish*
Écosse (f) *Scotland*
écouter *to listen*
écran (m) *screen*
écrire *to write*
écriture (f) *writing*
éducatif *educative*
effectifs (m pl) *numbers (of staff etc.)*

effectivement *(yes) indeed*
effectuer *to carry out*
effet: en — *indeed, in fact*
efficacité (f) *efficiency*
effleurer *to touch lightly*
efforcer: s' — *to endeavour*
effort (m) *effort*
également *also*
élargir *to expand, enlarge*
élection (f) *election*
électrique *electric(al)*
électronique (f) *electronics*
électronique *electronic*
élégant *elegant, smart*
élémentaire *elementary, basic*
élevé *high*
élu *elected*
embellie (f) *bright spell*
embouteillage (m) *traffic jam, bottleneck*
émettre *to issue*
emploi (m) *job*
employé (m) *employee*
employer *to use, employ*
emprunter *to borrow, take*
enchanté *delighted*
encore *yet, still, again*
 — une fois *once again, once more*
énergie (f) *energy*
enfant (m/f) *child*
enfin *finally*
engager: s' — *to promise, undertake*
énorme *enormous*
énormément *enormously*
ensemble *together*
ensemble (m) *whole*
 dans l' — *overall, on the whole*
 dans son — *as a whole*
ensoleillé *sunny*
ensuite *next*
entendre: s' — *to agree, understand one another*
entendu: bien — *of course*
entente (f) *agreement*
entièrement *entirely*
entre *between*
entrée (f) *entrance*
entrepôt (m) *warehouse*
entreprise (f) *business*
entrer *to enter, go in, come in*
entretenir *to maintain*
entretien (m) *discussion*
entrevue (f) *interview*
environ *about*
environnement (m) *environment, setting*
envisager *to envisage, consider*
envoyer *to send*
épais *thick*
équipe (f) *team*
équipé *equipped*
équipement (m) *equipment*
équipements (m pl) *facilities, amenities, equipment*

ère (f) *age, era*
Espagne (f) *Spain*
espagnol *Spanish*
espérer *to hope*
essayer *to try*
essentiel (m) *essential point(s)*
est (m) *east*
établir *to establish*
établissement (m) *establishment*
étage (m) *floor, storey*
étalement (m): — des vacances *staggering of holidays*
été (m) *summer*
éteindre *to switch off*
étoile (f) *star*
étranger *foreign*
étranger (m) *foreigner*
 à l' — *abroad*
être *to be*
étroitement *closely*
étude (f): — de marché *market study*
études (f pl) *studies*
étudiant (m) *student*
étudié *competitive*
étudier *to study, examine*
Europe (f) *Europe*
européen *European*
événement (m) *event*
évidemment *clearly, obviously*
éviter *to avoid*
exactement *exactly*
examiner *to examine*
excéder *to exceed*
excellent *excellent*
excepté *except*
excuser *to excuse*
exemplaire (m) *copy*
exemple: par — *for example*
exister *to exist*
expédier *to send (off)*
expérience (f) *experience*
expliquer *to explain*
exportations (f pl) *exports*
exporter *to export*
exposition (f) *exhibition*
extérieur (m): à l' — *outside*
extrêmement *extremely*

fabrication (f) *production, manufacturing*
facilement *easily*
faciliter *to facilitate, make easier*
façon (f) *way, manner, fashion*
facture (f) *invoice, bill*
faiblement *feebly, weakly*
faire *to do, make*
fait (m) *fact*
 en — *in fact*
falloir *to be necessary*
familial *family*
famille (f) *family*
 en — *with the family*
faussement *falsely*

faut: il — que *it is necessary that*
faux *false*
faveur (f): de — *preferential, special*
favorable *favourable*
favoriser *to further*
fédération (f) *federation*
félicitations (f pl) *congratulations*
féliciter *to congratulate*
femme (f) *wife, woman*
  — d'affaires *businesswoman*
fenêtre (f) *window*
fermer *to close*
fermeture (f) *closing, closure*
fête (f) *feast day*
fêter *to celebrate*
février (m) *February*
fiche (f) *form*
  — d'inscription *registration form*
fier *proud*
figurer *to figure*
film (m) *film*
fils (m) *son*
fin (f) *end*
fin *delicious, exquisite*
final *final*
finalement *finally, in the end*
financier *financial*
finir *to finish*
firme (f) *firm, company*
fixer *to fix, arrange*
flamand *Flemish*
fleur (f) *flower*
fleuve (m) *river*
fois (f) *time, occasion*
  une — *once*
foncé *dark (of colour)*
fonction (f) *function*
fonctionnel *functional*
fond (m): au — *at the back, at the end*
force (f) *force*
forfait (m) *all-in price*
format (m) *format*
formation (f) *training*
forme (f) *shape*
formel *formal*
former *to form*
formulaire (m) *form*
formule (f) *formula, programme, package*
forum (m) *forum*
fournir *to furnish, supply*
fournisseur (m) *supplier*
foyer (m) *home*
frais *fresh, cool*
frais (m pl) *expenses, costs*
français *French*
France (f) *France*
franchement *frankly*
fréquemment *frequently*
fréquent *frequent*
froid *cold*
fruit (m) *fruit*
fumé *smoked*
fumeur (m) *smoker*

gagner *to gain, earn*
gallois *Welsh*
gamme (f) *range*
garage (m) *garage*
garantir *to guarantee*
garder *to keep*
gare (f) *station*
garer *to park*
gastronomique *gastronomic, gourmet*
gâteau (m) *cake*
gauche (f): à — *on the left, to the left*
geler *to freeze*
général *general*
général: en — *generally*
généralement *generally*
généreusement *generously*
gens (m pl) *people*
géographie (f) *geography*
géographique *geographic(al)*
geste (m) *gesture*
gestion (f) *management*
glace (f) *ice*
gouvernement (m) *government*
grand *large, big*
Grande-Bretagne (f) *Great Britain*
gratuit *free*
gratuité (f) *free night etc*
gratuitement *free of charge*
grave *important, serious*
grec (fem. grecque) *Greek*
Grèce (f) *Greece*
grill (m) *grillroom*
gros *big*
guichet (m) *ticket office*
guide (m) *guide*
gymnastique (f) *gymnastics*

habillement (m) *clothing*
habitant(e) (m(f)) *inhabitant*
habiter *to live*
habitude (f) *habit*
habituel *usual*
hasard (m): par — *by (any) chance*
hausse (f): en — *increasing*
haut *high*
haut (m): en — *at the top*
heure (f) *hour*
heureux *happy, pleased*
hexagone (m) *hexagon*
hier *yesterday*
hiver (m) *winter*
hollandais *Dutch*
homme (m) *man*
  — d'affaires *businessman*
horaire (m) *timetable, schedule*
  — flexible *flexitime*
hors: — taxe *excluding tax*
  — saison *in the off-season*
hospitalité (f) *hospitality*
hôte (m) *host*
hôtel (m) *hotel*
hôtelier *hotel (epith)*
hôtellerie (f) *hotel-keeping*

ici *here*
idéal *ideal*
idée (f) *idea*
identique *identical*
illimité *limitless*
image (f) *image*
immigré (m) *immigrant*
impeccable *impeccable*
implantation (f) *market penetration, location*
implanter *to establish*
importance (f) *importance*
important *important*
importations (f pl) *imports*
importer *to import*
impression (f) *impression*
imprimante (f) *printer*
inclure *to include*
indiquer *to indicate*
indispensable *indispensable, essential*
industrie (f) *industry*
inférieur à *less than*
influence (f) *influence*
information (f) *(piece of) information*
informations (f pl) *information*
informatique (f) *computing, computer technology*
ininterrompu *uninterrupted*
initiative (f) *initiative*
inquiéter: s' — *to be worried, worry*
inspiration (f) *inspiration, tendency*
installation (f) *installation, setting up*
installer *to install, set up*
instant (m) *moment*
institution (f) *institution*
instruction (f) *instruction*
intéressant *interesting*
intérieur *domestic, home*
intérieur (m): à l' — de *inside*
international *international*
interrompre *to interrupt*
interrupteur (m) *switch*
investir *to invest*
investissement (m) *investment*
invitation (f) *invitation*
invité (m) *guest*
inviter *to invite*
irlandais *Irish*
Irlande (f) *Ireland*
Irlande (f) du Nord *Northern Ireland*
isoler *to isolate, cut off*
Italie (f) *Italy*
italien *Italian*

janvier (m) *January*
Japon (m) *Japan*
jeter *to throw*
jeudi (m) *Thursday*
jeune *young*
joli *pretty*
jour (m) *day*
  — férié *public holiday*
journal (m) *newspaper*

journalier   *daily*
journée (f)   *day*
juger   *to judge*
juillet (m)   *July*
juin (m)   *June*
jusqu'à   *until, as far as*
juste   *right, true*
justement   *exactly*

kilométrage (m)   = *mileage*
kilomètre (m)   *kilometre*
Ko = kilo octets (m pl)   *KB = kilobytes*

là   *here, there*
laisser   *to leave*
  — la parole à qn   *to let sb speak*
  — la place à   *to give way to*
lancer   *to launch*
langue (f)   *language*
laser (m)   *laser*
léger   *slight, light*
lent   *slow*
lentement   *slowly*
lettre (f)   *letter*
lever   *to lift*
lever (m): — du jour   *daybreak, dawn*
libre   *free*
licence (f)   *degree*
lier   *to bind, tie, unite*
lieu (m): au — de   *instead of*
  avoir —   *to take place*
ligne (f): en —   *on the line*
limiter   *to limit*
lire   *to read*
livraison (f)   *delivery*
livrer   *to deliver*
local   *local*
localement   *locally*
location (f)   *rental, hire*
loger   *to put (sb) up*
logiciel (m)   *software, program, application*
logique (f)   *logic*
loi (f)   *law, bill*
loin   *far*
lointain   *distant*
loisir (m)   *leisure*
long   *long*
longtemps   *for a long time*
lors de   *at the time of*
louer   *to hire, rent*
lourd   *heavy*
lundi (m)   *Monday*
Luxembourg (m)   *Luxembourg*
luxembourgeois   *of/from Luxembourg*
luxueux   *luxurious*
lycée (m)   *grammar school*

machine (f)   *machine*
madame   *madam, Mrs*
mademoiselle   *miss*
magasin (m)   *shop*
  — à succursales   *chain store, multiple store*

grand —   *department store*
magnétoscope (m)   *video recorder*
mai (m)   *May*
maintenance (f)   *maintenance*
maintenant   *now*
maire (m)   *mayor*
mais   *but*
maison (f)   *house, company*
majorité (f)   *majority*
mal   *badly*
malheureusement   *unfortunately*
manifestation (f)   *event, demonstration*
manoeuvre (f)   *manoeuvre*
manteau (m)   *coat*
marchandises (f pl)   *goods*
marché (m)   *market*
marche-arrêt   *on-off*
marcher bien   *to be going well*
mardi (m)   *Tuesday*
marge (f)   *margin, scope*
marque (f)   *brand, make*
marron   *brown*
mars (m)   *March*
martini (m)   *martini*
matériel (m)   *equipment*
matin (m)   *morning*
matinal   *morning (epith)*
matinée (f)   *morning*
mauvais   *bad*
maximum (m)   *maximum*
méditerranéen   *Mediterranean*
meilleur   *better*
membre (m)   *member*
même   *even*
même   *same*
mémoire (f)   *memory*
mener   *to lead, conduct*
mention (f)   *grade*
menu (m)   *menu*
merci (beaucoup/bien)   *thank you (very much)*
mercredi (m)   *Wednesday*
message (m)   *message*
mesurer   *to measure*
métallurgiste (m)   *metalworker*
météo (f)   *weather forecast*
mettre   *to put*
  — qch à la disposition de qn   *to put sth at sb's disposal, make sth available to sb*
  — au point   *to finalize*
  — fin à   *to end*
  — qn au courant   *to put sb in the picture*
  se — à l'aise   *to make oneself comfortable*
  se — d'accord   *to come to an agreement*
micro-ordinateur (m)   *microcomputer*
microphone (m)   *microphone*
midi (m)   *midday*
Midi (m)   *South of France*
mieux (m)   *best*
mieux   *better*
milieu (m)   *middle*
mille   *thousand*
minceur   *slimline, weight-watching*

minibar (m)   *minibar*
minimum   *minimum*
minuit (m)   *midnight*
minute (f)   *minute*
mise (f): — au point   *finalizing, clarification*
mobilier (m)   *furniture*
modèle (m)   *model, design*
modéré   *moderate*
moderne   *modern*
moderniser   *to modernize*
modeste   *modest, simple*
moins   *less*
mois (m)   *month*
moitié (f)   *half*
moment (m)   *moment*
en ce —   *at the moment*
monde (m)   *world*
monnaie (f)   *change*
monsieur (m)   *sir, Mr*
montagne (f)   *mountain*
monter   *to mount, put on*
monter   *to go/come up*
montrer   *to show*
moyen   *medium, average*
moyenne: en —   *on average*
multiple   *many, multiple*
municipal   *municipal*

nappe (f)   *patch*
national   *national*
nationalité (f)   *nationality*
nature   *straight, neat, plain*
naturellement   *naturally*
né   *born*
ne . . . jamais   *never*
ne . . . personne   *nobody, not anybody*
ne . . . plus   *no longer, not any more*
ne . . . que   *only*
ne . . . rien   *nothing, not anything*
nécessaire   *necessary*
néerlandais   *Dutch*
négocier   *to negotiate*
neiger   *to snow*
niveau (m)   *level*
Noël (m)   *Christmas*
noir   *black*
nom (m)   *name*
  — de famille   *surname*
nombre (m)   *number*
nombreux   *numerous*
nommer   *to name, call, appoint*
non   *no*
non plus   *neither*
non-fumeur (m)   *non-smoker*
nord (m)   *north*
normal   *normal, natural*
Normandie (f)   *Normandy*
note (f)   *note*
  — de frais   *expenses claim*
noter   *to note, make a note*
nouveau   *new*

nouveau: à — *again*
  de — *again*
novembre (m) *November*
nuage (m) *cloud*
nuageux *cloudy*
nucléaire *nuclear*
nuit (f) *night*
numéro (m) d'immatriculation *car registration number*
numéro de téléphone *telephone number*

objectif (m) *objective, aim*
objet (m) *object*
obligatoire *compulsory*
obligé *obliged, forced*
obligeance (f): avoir l' — de *to be good/ kind enough to*
obtenir *to obtain*
occasion (f) *opportunity, chance*
occupé *busy*
occuper *to occupy*
occuper: s' — de *to see to*
octobre (m) *October*
officiel *official*
officiellement *officially*
offre (f) *offer*
offrir *to offer*
opérateur (m)/opératrice (f) informatique *computer operator*
opinion (f) *opinion*
orange *orange*
ordinateur (m) *computer*
ordre (m) *order*
  — du jour *agenda*
organisation (f) *organization*
organiser *to organize*
originaire de *originating from*
où *where*
ou *or*
oublier *to forget*
ouest (m) *west*
oui *yes*
  mais — *yes, of course*
outre-mer: d' — *overseas*
ouvert *open*
ouverture (f) *opening*
ouvrier *labour, industrial*
ouvrier (m) *worker, workman*
ouvrir *to open*

paiement (m) *payment*
palais (m) *palace*
papier (m) *paper*
Pâques (m) *Easter*
par *by, per*
  — ailleurs *moreover*
paraître *to appear*
parce que *because*
parcours (m) *journey*
pardon *sorry, excuse me*
pareil *like, similar*
parent (m) *parent, relative*
parfait *perfect, excellent*

parfois *sometimes*
parisien *Parisian, Paris (epith)*
parking (m) *car park, parking*
parlement (m) *parliament*
parler *to speak, talk*
part: c'est de la — de qui? *who (shall I say) is speaking?*
partenaire (m) *partner*
parti (m) *party*
participant (m) *participant*
participation (f) *participation*
participer *to participate*
particulier *private, particular*
particulièrement *particularly*
partie (f) *part*
partir *to leave*
  à — de *from*
parvenir: faire — *to send*
pas du tout *not at all*
passage (m) *passage*
passer *to pass, go past*
  je vous le passe *putting you through*
passer *to spend (time)*
passer à qch *to turn to sth*
patronat (m) *employers*
pause (f) *break*
payer *to pay*
pays (m) *country*
  — de Galles (m) *Wales*
Pays-Bas (m) *Netherlands*
P.D.G. (président-directeur (m) général) *(chairman and) managing director*
péage (m) *toll*
pendant *during*
pénétration (f) *penetration*
penser *to think*
Pentecôte (f) *Whitsun*
performant *high-performance*
période (f) *period, time*
  — de pointe *busy period*
permettre *to allow*
personnalité (f) *personality*
personne (f) *person*
personnel (m) *staff*
personnel *personal*
personnellement *personally*
persuadé *convinced*
petit *small*
petit déjeuner (m) *breakfast*
pétrole (m) *oil*
peu *little*
  à — près *almost, more or less*
peut-être *perhaps*
photocopie (f) *photocopying, photocopy*
photocopieuse (f) *photocopier*
pièce (f) *coin*
piscine (f) *swimming pool*
place (f) *seat, space, room*
placer *to place*
plaire *to please*
plaisir (m) *pleasure*
plan (m) *plan, level*

planning (m) *programme, schedule*
plein *full*
  en — e saison *at the height of the season*
pleuvoir *to rain*
plupart (f) *majority*
plus *more*
plus *plus*
  de — *furthermore*
  de — en — *more and more*
plusieurs *several*
plutôt *quite, rather*
PME (petites et moyennes entreprises) *small and medium businesses*
PMI (petites et moyennes industries) *small and medium industries*
PNB (produit (m) national brut) *GNP (gross national product)*
pneu (m) *tyre*
point (m): — de vue *point of view*
  mettre les choses au — *to get things clear, finalize things*
pointe (f): à la — *in the forefront of*
  de — *high-tech*
politique *political*
ponctualité (f) *punctuality, punctiliousness*
pont (m): faire le — *to take a long weekend*
population (f) *population*
porte (f) *door*
portugais *Portuguese*
Portugal (m) *Portugal*
positif *positive*
position (f) *position*
posséder *to possess*
possibilité (f) *possibility*
possible *possible*
possible (m): faire tout son — *to do all one can*
poste (m) *post, job, vacancy*
poste (m) *(telephone) extension*
poste (f): mettre à la — *to put in the post*
pour *for*
pourcentage (m) *percentage*
pourquoi *why*
pourtant *yet, however*
pourvoir *to fill (post)*
pouvoir *to be able*
pratique *convenient*
pratique (f) *practice*
pratiquement *practically*
pratiquer *to practise*
précédent *preceding*
précis *precise, specific*
précis: à 14 heures précises *at exactly 2 o'clock*
précisément *precisely*
préciser *to specify*
précision (f) *detail*
préférable *preferable*
préférence (f): de — *preferably*

préférer *to prefer*
premier *first*
premier: — ministre *prime minister*
prendre *to take, have*
 — à sa charge *to accept responsibility for*
prénom (m) *first name, forename*
préparer *to prepare*
près de *near to*
présentation (f) *presentation, show*
présenter *to introduce, offer, present*
président (m) *president, chairman*
président-directeur général
 (m) *(chairman and) managing director*
presque *almost, nearly*
pressé *urgent*
prestigieux *prestigious*
prêt *prepared, ready*
prévenir *to inform*
prévision (f) *forecast*
prévoir *to plan*
prévu *expected, foreseen*
prier: je vous en prie *please don't mention it; please do*
principal *main, principal*
principalement *principally*
principe (m) *principle*
principe: en — *theoretically*
printemps (m) *Spring*
priorité (f) *priority*
pris *busy, engaged*
privé *private*
prix (m) *price*
probablement *probably*
problème (m) *problem*
 pas de — *no problem*
procéder *to proceed*
procédure (f) *procedure*
procès-verbal (m) *minutes, report*
prochain *next*
producteur (m) *producer*
production (f) *production*
produire *to produce*
produit (m) *product*
profession (f) *profession*
professionnel *professional*
profitable *profitable, advantageous*
profiter de *to take advantage of*
profondément *profoundly, deeply*
programmateur (m), -trice
 (f) *programmer*
programme (m) *programme*
projecteur (m) *projector*
projection (f) *film/slide/video show*
projet (m) *project, plan*
promettre *to promise*
propos (m): à ce — *in this connection*
proposer *to propose, suggest*
proposition (f) *proposal, suggestion*
provenir de *to come from*
province (f) *province, provinces*
provisoire *provisional, temporary*
public *public*

public (m) *public*
publicité (f) *advertising*
publiphone (m) *public telephone*
puis *then*
puisque *since*
Pyrénées (f pl) *Pyrenees*

quai (m) *platform*
qualité (f) *quality*
quand *when*
 — même *even so, after all*
quant: — à *as for*
quart (m) *quarter*
quartier (m): de — *local*
que *that*
quel *what, what a*
quel? *which, what?*
quelconque *indifferent, ordinary*
quelque *some*
quelque chose (m) *something*
question (f) *question, item*
queue (f) *queue*
 faire la — *to queue*
quinze *fifteen*
quitter: ne quittez pas *hold the line*

rabais (m) *reduction, discount*
raccompagner qn *to see sb out, see sb home*
raccrocher *to replace (the receiver)*
radio (f) *radio*
rafraîchissements (m pl) *refreshments*
raison (f) *reason*
 — sociale *company name*
raisonnable *reasonable*
rapide *quick*
rapidement *rapidly, quickly*
rapidité (f) *rapidity*
rappeler: se — *to remember, recall*
rapport (m) *report, connection*
 par — à *in comparison with*
rassurer *to reassure, put (sb's) mind at rest*
ravi *delighted*
réaction (f) *reaction*
réalité (f) *reality*
réception (f) *reception*
réceptionniste (m) *receptionist*
recevoir *to receive*
recherche (f) *research*
recommander *to recommend*
recommencer *to restart, start again*
reconnaissant *grateful*
reconnaître *to recognize*
réduction (f) *reduction*
réduit *reduced*
réforme (f) *reform*
régime (m): être au — *to be on a diet*
région (f) *region*
régional *regional*
régionalisation (f) *regionalization*
règle (f) *rule*
réglé *settled*

règlement (m) *payment, settlement*
régler *to pay, settle*
regretter *to regret, be sorry*
regrouper *to group*
régulier *regular*
régulièrement *regularly*
rehausser *to enhance*
relations (f pl): — extérieures *external relations*
relié *linked*
religieux *religious*
remarquable *remarkable*
rembourser *to reimburse*
remerciements (m pl) *thanks*
remercier *to thank*
remplacer *to replace*
remplir *to fill (in)*
rencontrer *to meet*
rendez-vous (m) *appointment, meeting*
rendre *to give back, return*
 — service à qn *to do sb a favour*
 se — compte de *to realize, understand*
renouveler *to renew, repeat*
renseignement (m) *information*
renseigner: se — *to find out, enquire*
rentrer *to go home, return home*
repartir *to set off (again)*
repas (m) *meal*
répondre *to answer, meet*
réponse (f) *reply, answer*
reporter *to put back*
représentant (m) *sales representative*
représenter *to represent*
république (f) *republic*
réseau (m) *network*
réservation (f) *reservation, booking*
réserve (f) *reserve*
réserver *to book*
résidence (f) *residence*
respectivement *respectively*
responsable de *responsible for, in charge of*
ressources (f pl) *resources*
restaurant (m) *restaurant*
rester *to remain*
résultat (m) *result*
résumer *to sum up*
retard (m): avoir cinq minutes de — *to be five minutes late*
 être en — *to be late*
retenir *to keep back*
retirer *to withdraw, cancel*
retour (m): par — *by return, immediate*
retourner *to return*
retourner *to turn over*
rétroprojecteur (m) *overhead projector*
retrouver *to meet*
réunion (f) *meeting*
revenir *to come back, return*
 — au même *to amount to the same thing*
revenu (m) *income, revenue*
rez-de-chaussée (m) *ground floor*
rien *nothing*

risque (m)   *risk*
risquer   *to risk*
riz (m)   *rice*
rôle (m)   *role, function*
rouge   *red*
route (f)   *road*
routier   *road (epith)*
Royaume-Uni (m)   *United Kingdom*
russe (m)   *Russian*

saison (f)   *season*
salarié (m)   *employee*
salle (f)   *room*
  — d'accueil   *reception room*
  — d'informatique   *computer room*
  — de bain(s)   *bathroom*
  — de séminaire   *conference room*
  — à manger   *dining room*
salon (m)   *lounge, function room*
salut!   *hello!, bye!*
salutations (f pl)   *greetings*
samedi (m)   *Saturday*
sanitaires (m pl)   *bathroom equipment*
sans   *without*
  — doute   *probably*
satisfaire   *to satisfy*
satisfait   *satisfied*
saumon (m)   *salmon*
sauna (m)   *sauna*
savoir   *to know (fact)*
scientifique   *scientific*
scolaire   *school (epith)*
séance (f)   *session*
sec   *dry*
secondaire   *secondary*
secret   *secret*
secrétaire (m/f)   *secretary*
secrétariat (m)   *secretarial offices*
secteur (m)   *sector*
séjour (m)   *stay (e.g. at hotel)*
sélection (f)   *selection, choice*
sélectionner   *to select, choose*
selon   *according to*
semaine (f)   *week*
sembler   *to seem*
séminaire (m)   *seminar, conference*
Sénat (m)   *Senate*
séparé   *separate*
séparer   *to separate*
septembre (m)   *September*
sérieux   *reliable*
service (m)   *service*
  — financier   *finance department*
  —-affaires   *business service*
  — de fabrication   *production department*
  — des achats   *buying department*
  — des ventes   *sales department*
  —s généraux   *administration department*
servir   *to serve*
seul   *only, single*
seulement   *only*

si   *if*
sidérurgie (f)   *iron and steel industry*
siège (m)   *seat*
  — social   *head office*
signaler   *to point out*
signature (f)   *signature*
signe (m)   *sign*
signer   *to sign*
s'il vous plaît   *please*
simple   *simple*
simplicité (f)   *simplicity*
sincère   *sincere*
sincèrement   *sincerely*
sinon   *if not*
situation (f)   *situation*
situé   *situated*
SNCF (Société nationale des chemins de fer français)   *French Railways*
social   *social*
socialiste   *socialist*
société (f)   *company*
  — de conseil   *consultancy*
soeur (f)   *sister*
soigné   *well-prepared*
soir (m)   *evening*
soleil (m)   *sun*
solidement   *solidly, fully*
solution (f)   *solution*
sonner   *to ring*
sophistiqué   *sophisticated*
sortie (f)   *exit, way out*
  — de secours   *emergency exit*
sortir   *to go out*
souffler   *to blow*
souhaiter   *to wish, want*
soumettre   *to submit*
sous   *under, beneath*
sous-traitant (m)   *sub-contractor*
souvenir: se —   *to remember*
souvent   *often*
spécial   *special*
spécialement   *specially*
spécialisé   *specialized, specialist*
  être – dans   *to specialize in*
spécialiste (m)   *specialist*
spécifier   *to specify*
spectaculaire   *spectacular*
sport (m)   *sport*
sportif   *sporting, sports*
stage (m)   *work study, placement, on-the-job training, course*
stagiaire (m/f)   *trainee*
standard   *standard*
station (f): — de tourisme   *holiday resort*
statistique (f)   *statistic*
statut (m)   *status*
stratégie (f)   *strategy*
styliste (m)   *designer*
sucre (m)   *sugar*
sud (m)   *south*
Suède (f)   *Sweden*
suffire   *to be sufficient, be enough*
suggérer   *to suggest*

suggestion (f)   *suggestion*
suisse   *Swiss*
Suisse (f)   *Switzerland*
suivant   *following*
suivre   *to follow*
sujet (m)   *subject, matter*
  au — de   *about*
supérieur   *higher, superior*
supermarché (m)   *supermarket*
supplément (m)   *supplement*
supplémentaire   *supplementary, extra*
supposer   *to suppose*
sur   *on, about*
sûr   *certain, sure*
sûrement   *surely*
surpris   *surprised*
sur-réservation (f)   *over-booking*
surtout   *especially, particularly*
sympathique   *pleasant, friendly*
syndicat (m)   *trade union*

table (f)   *table*
  — ronde   *round table*
tableau (m)   *chart, graph*
  — d'affichage   *departures (or arrivals) board*
taille (f)   *size*
tant mieux!   *good!, so much the better!*
taper   *to type*
tard   *late*
tardif   *late*
tarif (m)   *rate, tariff*
  — préférentiel   *special rate*
taxe (f)   *tax*
taxi (m)   *taxi*
télécarte (f)   *phonecard*
télécommunications (f pl)   *telecommunications*
télécopie (f)   *fax*
télécopieur (m)   *fax machine*
téléfax (m)   *fax*
télématique (f)   *telematics*
téléphone (m)   *telephone*
téléphoner   *to telephone*
téléphonique   *telephone (epith)*
téléviseur (m)   *television set*
télex (m)   *telex*
température (f)   *temperature*
temps (m)   *time, weather*
  à — partiel   *part-time*
  à mi-—   *half-time*
  à plein —   *full-time*
tenez!   *here you are!*
tennis (m)   *tennis, tennis court*
tenter   *to tempt*
terminal (m)   *terminal*
terminer   *to end*
territoire (m)   *territory*
tester   *to test*
textile (m)   *textiles*
texture (f)   *texture*
tiers (m)   *third*
tissu (m)   *material, fabric*

toilettes (f pl)   *toilet(s)*
tomate (f)   *tomato*
tombe (f)   *grave, tomb*
tomber   *to fall*
tonalité (f)   *dialling tone*
tôt   *early, soon*
total   *total*
touche (f)   *key*
toucher   *to affect, touch*
toujours   *always, still*
tour (m)   *turn*
touriste (m/f)   *tourist*
tourner   *to turn*
Toussaint (f)   *All Saints Day*
tout   *all, every*
tout   *everything*
  — à fait   *entirely, absolutely*
  — de même   *nonetheless*
  — de suite   *straightaway, at once*
  — droit   *straight on, straight ahead*
  — le monde   *everybody*
  en —   *in all*
tradition (f)   *tradition*
traditionnel   *traditional*
traditionnellement   *traditionally*
train (m)   *train*
traitement de texte (m)   *word processor,*
  word processing
transformer   *to transform*
transport (m)   *transport*
travail (m)   *work, job*
travailler   *to work*
trentaine (f)   *about thirty*
très   *very*
  — bien   *very good, fine, excellent*
trésorerie (f)   *finances*
  problèmes de —   *cash flow problems*

tri (m): faire le —   *to do the sorting out*
tricot (m)   *knitwear, knitting*
trimestre (m)   *quarter*
trois-huit (m pl)   *three eight-hour shifts*
troisième   *third*
trop   *too, too much*
trouver   *to find, think*
  se —   *to be, find oneself*
truite (f)   *trout*
TTC (toutes taxes comprises)   *inclusive*
  of tax
type (m)   *type*

union (f)   *union*
unique   *single, unique, only*
unité (f)   *unit*
urgent   *urgent*
usine (f)   *factory*
utile   *useful*
utilisation (f)   *use*
utiliser   *to use*

vacances (f pl)   *holidays*
valeur (f): mettre en —   *to highlight,*
  show off
varier   *to vary*
vendeur (m)   *ticket clerk, sales person*
vendre   *to sell*
vendredi (m)   *Friday*
venir   *to come*
  — de (faire qch)   *to have just (done sth)*
vent (m)   *wind*
vente (f)   *sale*
  — par correspondance   *mail order*
vérifier   *to check*
vérité (f)   *truth*
vers   *(at) about*

version (f)   *version*
vert   *green*
vestiaire (m)   *cloakroom*
victoire (f)   *victory*
vidéo   *video*
vie (f)   *life*
vieux   *old*
ville (f)   *town*
vin (m)   *wine*
vingtaine (f)   *about twenty*
visite (f)   *visit*
visiter   *to visit*
visiteur (m)   *visitor*
vite   *quickly*
vitesse (f)   *speed*
voici   *here is, here are*
voilà   *there you are, there it is*
voir   *to see*
voiture (f)   *car, carriage*
  en —   *by car*
vol (m)   *flight*
volontiers   *with pleasure*
voter   *to pass, vote*
vouloir   *to wish, want*
  — dire   *to mean*
voyage (m)   *journey, trip*
voyageur (m)   *traveller, passenger*
vrai   *true*
vraiment   *really*
vue (f): en —   *in sight, in mind*

weekend (m)   *weekend*
whisky (m)   *whisky*

zone (f): — portuaire/d'aéroport   *port/*
  airport trading area

Acknowledgements

The Publishers would like to thank the following for permission to reproduce material in this volume: Le Figaro for the map from *Le Figaro, 6 November 1991* on pp. 105 and 110; France Télécom for the extracts from their publications on pp. 56 and 67.
The Publishers would also like to acknowledge the following for use of their material: SNCF for the extract from their brochure *Guide du Voyageur TGV: Sud Est 30.9.90–1.6.91* on pp. 97 and 98.

Every effort has been made to trace and acknowledge ownership of copyright. The Publishers will be glad to make suitable arrangements with any copyright holders whom it has not been possible to contact.